RAINER SACHSE, Diplom-Psychologe, ist Verhaltens- und Gesprächspsychotherapeut, Leiter des Instituts für Psychologische Psychotherapie in Bochum und lehrt Klinische Psychologie an der dortigen Ruhr-Universität. Die Gesamtauflage seiner Bücher beläuft sich auf über 100 000 Exemplare.

RAINER SACHSE

HISTRIONIKER

Mit Dramatik,
Manipulation
und Egozentrik
zum Erfolg

Klett-Cotta

Klett-Cotta
www.klett-cotta.de

Printed in Germany
Cover: Rothfos & Gabler, Hamburg
Gesetzt von Fotosatz Amann, Memmingen
Gedruckt und gebunden von Esser printSolutions GmbH, Bretten
ISBN 978-3-608-98459-0

Vierte Auflage, 2024

Bibliografische Information der Deutschen Nationalbibliothek
Die Deutsche Nationalbibliothek verzeichnet diese Publikation in der Deutschen Nationalbibliografie; detaillierte bibliografische Daten sind im Internet über http://dnb.d-nb.de abrufbar.

INHALTSVERZEICHNIS

EINLEITUNG

»Ich bin reich und schön und ein großartiger Spieler.« Dieser Satz stammt von Cristiano Ronaldo, dem mehrfachen Weltfußballer, geäußert in einer Zeit, in der in sozialen Netzwerken wie Instagram täglich fast 100 Millionen Bilder geteilt werden, von denen unzählige nur ein Motiv zeigen: es sind Selfies. Donald Trump, Erdogan, Lady Gaga, Jürgen Klopp, Robbie Williams oder Paris Hilton werden von der Presse meist als Narzissten dargestellt, überhaupt wird jeder, der lautstark und egozentrisch auftritt und arrogant oder eitel, wenn nicht sogar exhibitionistisch wirkt, gerne als Narzisst verunglimpft. Narzissmus ist fast ein Schimpfwort, eine psychologische Modediagnose geworden und tief in unsere Umgangssprache eingedrungen. Zeitdiagnostiker erklären inzwischen ganze Gesellschaften für narzisstisch; viele seien krank, halt Ellenbogengesellschaften, in denen Solidarität und Mitleid kaum noch eine Rolle spielen.

Das amerikanische Diagnosesystem DSM-5, die Bibel der Psychiatrie mit weltweiter Geltung, hat die Hysterie schon lange abgeschafft und durch die narzisstische und die histrionische Persönlichkeit ersetzt.

Schnell werden diese Menschen in die Nähe von

Psychopathen gerückt, zumindest in den Grenzbereich von normal und gestört. Doch es ist nicht jeder, der enthemmt auftritt, unsympathisch und vielleicht unempathisch ist, dazu vielleicht noch leicht kränkbar, gestört. Vielleicht ist er noch nicht mal Narzisst, sondern eher ein Histrioniker. Was der Unterschied zwischen diesen beiden Persönlichkeiten ist, werden Sie im folgenden erfahren. Die histrionische Persönlichkeit wirkt in der öffentlichen Wahrnehmung eher wie die kleine Schwester der narzisstischen; dabei ist sie durchaus weit verbreitet und für jeden von uns wahrscheinlich tagtäglich zu beobachten.

1

WOLLEN SIE ANDERE FASZINIEREN? DANN FOLGEN SIE DEN RATSCHLÄGEN DIESES BUCHES!

Ganz sicher kennen Sie sie auch, diese Personen, die andere in ihren Bann ziehen: die schnell und mühelos im Zentrum der Aufmerksamkeit stehen; die Geschichten erzählen, die jeden fesseln, obwohl sie eigentlich eher öde sind; die sich auf einer Party bewegen, als wären sie ganz in ihrem Element; die alle um den Finger wickeln, charmant sind, unterhaltsam, sexy usw.

In der Psychologie sagt man, solche Personen weisen einen »histrionischen Persönlichkeitsstil« auf oder eine »Histrionik« (»Histrion« war die Bezeichnung für Schauspieler im klassischen Rom): Die Personen haben einen ausgeprägten Hang zu Dramatik, zu einer (mehr oder weniger) guten Selbstdarstellung. Sie genießen es, im Mittelpunkt zu stehen, Aufmerksamkeit zu erhalten, für andere wichtig zu sein, und sie können das durch ihr eigenes Handeln auch sehr gut erreichen!

In diesem Buch möchte ich Personen mit diesem Persönlichkeitsstil als »Histrioniker« bezeichnen:

Diese Bezeichnung ist nicht vorbelastet, kurz und »knackig«.

Einen solchen Stil aufzuweisen, kann sehr vorteilhaft sein: Das Leben ist nie langweilig, man sorgt bei sich selbst und in seiner Umgebung für »Action«, erhält viel Bewunderung, kann dafür sorgen, dass andere sich um einen kümmern u. ä. Mit einer (gehörigen) Portion Dramatik und (einem Schuss) Egozentrik kann man so sehr erfolgreich werden!

Wenn Sie sich einen Persönlichkeitsstil aussuchen können, dann sollten Sie den histrionischen Stil wählen: Mehr Spaß können Sie im Leben nicht bekommen!

Natürlich hat dieser Stil (wie alles im Leben) Risiken und Nebenwirkungen: Auch hier bekommen Sie leider nichts geschenkt. Die Kosten werden sich bemerkbar machen. Aber wenn Sie es nicht übertreiben, können Sie die Kosten in Grenzen halten und die Vorteile überwiegen! Bedenken Sie aber: Wer nicht wagt, der nicht gewinnt! Und mit einer hohen Expertise in Sachen Histrionik kann Ihr Leben sehr angenehm verlaufen!

Außerdem sind Sie mit diesem Stil in sehr guter Gesellschaft: Es liegt in der Natur der Sache, dass Schauspielerinnen (und auch Schauspieler) einen solchen Stil aufweisen: Sehr gute Performances liefern z. B. Marilyn Monroe (denken Sie nur an den Song »Happy Birthday, Mr. President«), Kim Novak *(Vertigo)*, Elizabeth Taylor *(Cleopatra)*, Faye Dunaway *(Thomas Crown ist nicht zu fassen)*, Kim Basinger *(Gnadenlos)* oder als Mann Oskar Werner *(Fahrenheit 451)* oder (als aktuelle

Beispiele) Kim Kardashian oder Justin Bieber. Aber auch viele Personen aus Adel und Gesellschaft haben sich selbst mit einem solchen Stil ausgestattet (z. B. Lady Diana). Etwas »Histrionik« ist also »in«! Der »Histrioniker« ist damit ein Erfolgstyp.

Alle empirischen Ergebnisse zeigen, dass Histrionik im Wesentlichen ein »Frauen-Spiel« ist: Frauen können das einfach deshalb besser, weil die Handlungen, die zur Histrionik gehören, stark einer gesellschaftlichen Frauenrolle entsprechen; daher werde ich in diesem Buch auch überwiegend die weibliche Form verwenden.

Männer haben es als Histrioniker schwerer, dennoch weisen auch viele Männer histrionische Züge auf. Daher können auch Männer in diesem Buch noch einiges über sich selbst, aber natürlich auch einiges über ihre Partnerinnen lernen.

Wenn Sie das alles auch können wollen (Sie müssen ja nicht alles übernehmen!), dann folgen Sie den Ratschlägen dieses Buches: Ich werde Ihnen zeigen, wie Sie einen histrionischen Stil entwickeln können, von einer ganz sanften Ausprägung bis hin zur massiven Persönlichkeitsstörung: Im letzteren Fall übertreiben Sie den Stil so stark, dass er Ihnen mehr Kosten als Gewinne einbringen wird; aber so weit müssen Sie es ja nicht kommen lassen!

Vielleicht sind Sie aber auch ein Naturtalent und beherrschen schon viel von dem histrionischen Stil – aber bitte: Man kann immer noch besser werden!

Und bedenken Sie immer: Eine Expertin wird man nur durch Training! Wenden Sie das, was Sie hier lernen, bitte bei jeder passenden Gelegenheit an. Und das ist möglich: Sie können histrionische Handlungen praktisch immer und überall einbringen: (vor allem) bei Ihrem Partner, bei Freunden, Freundinnen, Arbeitskollegen, bei Chefs (mit etwas mehr Vorsicht!), bei Verkäufern, Polizisten gegenüber, die Ihnen einen Strafzettel verpassen wollen usw. usw. Die Anwendungsbereiche sind praktisch unbegrenzt! Und damit sind es die Trainingsmöglichkeiten natürlich auch.

Und Sie werden merken, dass das Ganze viel Spaß macht und dass Sie erreichen, was Jonathan und Jennifer Hart (gespielt von Robert Wagner und Stefanie Powers) sich in der amerikanischen Serie *Hart aber herzlich* versprochen haben: dass das Leben nie langweilig wird!

Exkurs:

HOLLY GOLIGHTLY – DER INBEGRIFF EINER HISTRIONIKERIN

Es ist Audrey Hepburns Paraderolle – die Figur der Holly Golightly in dem Filmklassiker *Frühstück bei Tiffany*. Holly ist nicht nur eine der großen Stilikonen des 20. Jahrhunderts und der Prototyp der modernen Frau, sie ist auch eine der wohl bekanntesten histrionischen Persönlichkeiten!

Lula Mae, das Mädchen vom Lande, nimmt in New York den sprechenden Namen Holly Golightly an und wird dort zum schillernden Partygirl. Von wohlhabenden älteren Männern und inhaftierten Mafiabossen lässt sie sich ihren extravaganten Lebensstil finanzieren und wickelt auch ihren neuen Nachbarn Paul Varjak (gespielt von George Peppard) um den Finger.

Holly ist eine spektakuläre Erscheinung: gertenschlank, immer gut angezogen, sprühend vor Charme und unwiderstehlich sexy. Spritzig-naiv ist sie der Mittelpunkt rauschender Partys, die in ihrem Apartment stattfinden und auch schon mal von der Polizei aufgelöst werden müssen.

Ihr Ziel hat Holly klar vor Augen: Sie sucht einen reichen Mann, der ihr ihren kostspieligen Lebensstil ermöglichen kann. Zu diesem Zweck umschmeichelt sie den brasilianischen Politiker José da Silva Pereira, und lange Zeit sieht es ganz so aus, als würde ihr Plan aufgehen. Doch kurz vor ihrer Abreise nach Brasilien bekommt sie einen Korb, nachdem sie wegen ihrer Verbindungen zu einem Mafiaboss eine Nacht im Gefängnis verbringen musste und so dem Image des Politikers schaden würde. Dass sie am Ende des Films natürlich trotzdem genau das bekommt, was sie will, versteht sich von selbst.

Bei all ihrer Liebenswürdigkeit ist Holly vor allem auf ihren eigenen Vorteil bedacht. Sie lässt sich von den Männern, mit denen sie ausgeht, ihre aufwendige Garderobe finanzieren, wimmelt sie nach dem Date aber eiskalt ab. Sie verzaubert jeden, genießt es, im Mittelpunkt zu stehen und umschwärmt zu werden, bietet aber wenig als Gegenleistung an.

Damit ist sie das perfekte Vorbild für jeden angehenden Histrioniker. Denn sie verkörpert die Maximen der Histrionik: Nimm dir, was du willst, dränge dich ins Zentrum der Aufmerksamkeit, mache dich unwiderstehlich und sorge dafür, dass die Welt dir zu Füßen liegt!

akg-images / Album / PARAMOUNT PICTURES

2

HISTRIONIK FÜR ANFÄNGER

Lassen Sie uns mit den elementaren Aspekten beginnen, mit den Dingen, die Sie als Histrionikerin unbedingt beherrschen sollten: allen voran die Dramatik.

EIN KURS IN DRAMATIK

Der zentralste Bestandteil eines histrionischen Stils ist *Dramatik.* Dieses Element müssen Sie beherrschen. Falls Sie das nicht tun, suchen Sie sich besser einen anderen Stil aus, denn Sie werden es als Histrioniker nicht weit bringen: Mit Dilettantismus ist Ihnen nicht geholfen. Trainieren Sie am besten verschiedene dramatische Ausdrucksformen vor dem Spiegel. Und denken Sie immer daran: Man wird nur durch intensives Training zu einem Experten!

Leider ist auch nicht jeder Histrioniker begnadet: Wie bei Schauspielern auch, gibt es hier Exzellente und Bemitleidenswerte – und zu denen wollen Sie doch sicher nicht gehören?

Denken Sie immer daran, ein schlechter Schauspieler zieht zwar auch Aufmerksamkeit auf sich, aber er erzeugt gleichzeitig eine Art von Mitleid, bis die Zuschauer denken: »Etwas Nachhilfe in Schauspielerei könnte nicht schaden.« Aber etwas Derartiges könnte *Ihnen* schaden! Daher: Fangen Sie mit kleinen »Rollen«, kleinen »Performances« an und arbeiten Sie sich langsam hoch!

Sie müssen vor allem verstehen, dass *Dramatik* ein *Gesamtkunstwerk* ist: Text, Betonung, Stimmlage, Mimik, Gestik – alles muss zusammenpassen und sich gegenseitig ergänzen; der ganze Ausdruck muss »komponiert« sein, wie aus einem Guss. Es darf (manchmal) durchaus etwas »overacted« sein, aber nur einen Hauch und auch das muss zur Situation passen und im Kontext einen Sinn ergeben. Wenn Sie das nicht gut können, riskieren Sie, dass Ihre Emotionen unecht wirken und Ihr Verhalten aufgesetzt: Das wäre schade, denn damit verschenken Sie viel Potential.

Sie müssen sich natürlich auch in bestimmter Weise ausdrücken, d. h. Sie müssen einen passenden *Text* produzieren. Manchmal kann man Dramatik auch ohne Text abliefern: durch Stöhnen, Fallen, Zusammensacken etc. Das ist heute aber nicht mehr »in«, im 19. Jahrhundert wären Sie damit erfolgreicher gewesen. Also werden Sie wohl um die Produktion von Text nicht herumkommen.

Aber das ist keineswegs alles. Sie müssen den Text *so* ausdrücken, dass er auch wirklich *Wirkung* entfaltet: mit gut gesetzten Betonungen, dramatischen Pausen,

Dehnungen, Veränderungen der Lautstärke, der Stimmhöhe etc. Diese Aspekte bezeichnet man als Prosodik: Es ist die Art, wie der Text geäußert, dargestellt, in diesem Fall: in Szene gesetzt wird!

Und: Sie müssen den Text mit entsprechender Mimik, Gestik und Körperhaltung unterstreichen. Mimik und Gestik müssen deutlich machen, dass Sie das alles auch wirklich *fühlen*, dass der Text Sie auch wirklich *emotional* berührt; nur dann wird er auch andere emotional berühren!

Und das alles muss zusammenpassen, sich ergänzen, nahtlos ineinandergreifen!

Vor allem dürfen sich die einzelnen Komponenten des Ausdrucks keineswegs widersprechen. Das wäre eine ganz miserable Performance!

Eine Ausnahme ist es natürlich, Sie wollen *bewusst* einen Widerspruch erzeugen: Sie *wollen* einem Interaktionspartner gezielt klar machen, dass Sie das, was Sie gerade sagen, *nicht* meinen. Er soll selbst herausfinden, worauf sie hinauswollen. In diesem Fall produzieren Sie systematisch widersprüchliche Informationen.

Aber es wäre z. B. schlecht, wenn Sie Verzweiflung ausdrücken wollen und dabei (versehentlich) lächeln; oder wenn Sie deutlich machen wollen, dass es Ihnen sehr schlecht geht und dabei plötzlich ganz normal sprechen: An solchen »Pannen« kann Ihre ganze Darstellung scheitern. Also Vorsicht: *Achten Sie immer darauf, dass alle Aspekte eines Ausdrucks auch wirklich zusammenpassen!*

DER TEXT

Wenn Sie die übrigen Darstellungskriterien gut erfüllen, ist der Text tatsächlich von eher untergeordneter Bedeutung: Mit einer sehr guten Darstellung peppen Sie auch einen im Grunde langweiligen Text so auf, dass alle Hörer ihn spannend finden.

Dennoch kann ein guter Text helfen: Erzählen Sie etwas Spannendes, Außergewöhnliches, Dramatisches, am besten so, als hätten Sie es tatsächlich erlebt. Denn dann können Sie sich auch jetzt wieder richtig in die Geschichte hineinversetzen und sie so wiedergeben, als geschähe sie in diesem Moment. Genau das fesselt die Zuhörer und Sie sind dabei, am Geschehen beteiligt. Wenn Sie es wirklich gut machen, werden auch Leute, die so emotional »runtergefahren« sind wie Spock, Ihre Darstellung »faszinierend« finden!

Natürlich werden Sie, wenn Sie ein normales Leben leben, so viel Außergewöhnliches gar nicht erleben, schließlich sind Sie ja nicht James Bond oder Lara Croft: Aber lassen Sie sich davon auf keinen Fall abschrecken!

Denken Sie immer daran: Sie wollen Dramatik, also *sind Sie den Effekten verpflichtet, nicht der Realität* und Wahrheit ist ohnehin relativ. *Was also sollte Sie davon abhalten, eine Story zu erfinden?* Oder zumindest (große) Teile der Story zu erfinden oder sie an bestimmten Stellen aufzupeppen? »Wahrheit« wird im Allgemeinen überbewertet, schließlich kann man sich eine eigene Realität schaffen.

Und sollten Sie hier Skrupel haben: Wem schadet die

Erfindung von Storys schon? Schließlich sind Sie keine Journalistin und keinem Chefredakteur Rechenschaft schuldig. Und sollte man Ihnen je auf die Schliche kommen, dann haben Sie sich eben geirrt oder Sie haben es so nie gesagt: Wer wird sich schon wegen einer Story mit Ihnen anlegen?

Ein kleiner Tipp: Am schwersten ist es für Zuhörer, eine Story als Erfindung zu identifizieren, wenn Sie *Wahrheit und Fiktion mischen*. Ihre Story sollte immer so viel Realität enthalten, dass sie stimmen *könnte*! Vielleicht werden dem Einen oder Anderen Zweifel kommen: Aber solange Ihre Story *stimmen könnte*, wird niemand wagen, sie offen infrage zu stellen. Außerdem tendieren Menschen dazu, Dinge zu glauben, die mit Nachdruck behauptet werden. Wäre das nicht so, würde Werbung gar nicht funktionieren.

Daher können Sie *Ihrer Kreativität großen Freiraum lassen*: Sie waren Zeuge, wie neben der Autobahn ein Jumbo notgelandet ist (habe ich tatsächlich schon gehört!), Sie haben einen dreisten Überfall auf ein Juweliergeschäft und sind, dank Ihrer robusten Konstitution, ohne Trauma davongekommen, was den armen Verkäuferinnen leider nicht vergönnt war etc.

Sie können auch davon berichten, dass Sie George Clooney mal auf dem Flughafen von Honolulu begegnet sind, Sie ihn um ein Autogramm gebeten haben und er Ihnen, nett lächelnd, eines gegeben hat, auf einem Foto von ihm, das Sie zufällig dabeihatten.

Und auf dem Frankfurter Flughafen sind Sie in

Armin Müller-Stahl gelaufen, was zu einem netten Gespräch über Filme und amerikanische Regisseure geführt hat.

Möchten Sie Ihrem Partner ein schlechtes Gewissen machen, weil der Sie mies behandelt hat, dann sagen Sie z. B.: »Als du gegangen bist, musste ich sofort anfangen zu weinen, ich konnte gar nicht mehr aufhören! Dann ist XY gekommen und hat mich völlig aufgelöst gefunden. Sie konnte mich einfach nicht beruhigen! Ich musste Beruhigungstropfen nehmen, aber dadurch ist es auch nicht besser geworden. Am Abend habe ich dann meinen Exfreund angerufen, der hat mir dann zugehört und konnte mich vom Schlimmsten abhalten, Gott sei Dank.« Was denn »das Schlimmste« ist, lassen Sie dabei in der Luft hängen. Durch solche Andeutungen beschwören Sie beim Hörer alle möglichen Phantasien herauf!

Natürlich muss gar nichts davon stimmen (außer, dass Sie sich schlecht behandelt gefühlt haben), aber es ist ja kein offizieller Bericht eines Tathergangs, sondern eine Story, die dazu dient, Ihrem Partner deutlich zu machen, dass er Sie nie wieder so schlecht behandeln soll. Und diesen Zweck wird die Story mit ziemlicher Sicherheit erfüllen! Also: Was soll's?

An dieser Stelle ist es wieder wichtig, dass Sie sich daran erinnern,

- dass es immer im Wesentlichen um *Sie* geht;
- dass es Ihr gutes Recht ist, gut behandelt zu werden;

- dass es Ihr gutes Recht ist, diese Behandlung durchzusetzen, falls Ihr Partner es nicht von sich aus tut;
- und dass Ihr Partner ja eine Wahl hätte: Er hätte das alles von sich aus tun können, er weiß schließlich, was Sie möchten!

Stellen Sie selbst bloß nie die Legitimität solcher Aktionen infrage und: Lassen Sie diese auch durch andere nie infrage stellen!

Das sind natürlich alles nur Vorschläge: Wie gesagt, Ihrer Kreativität sind im Grunde keinerlei Grenzen gesetzt.

Denken Sie nur daran: Die Story sollte viele dramatische Momente enthalten, etwa unerwartete Ereignisse und unvorhergesehene Wendungen, dazu besondere Elemente wie bekannte Persönlichkeiten. Und natürlich sollten Sie die Hauptrolle spielen.

DIE PROSODIK

Als Prosodik bezeichnet man die artikulatorische Gestaltung einer Aussage: Lautstärke, Stimmhöhe, Pausen, Betonungen. Prosodik ist somit die Art und Weise, wie ein Text gesprochen wird.

Wollen Sie durch eine Aussage Dramatik entfalten, dann sollten Sie solchen Details viel Aufmerksamkeit schenken.

Als oberstes Prinzip gilt: *Stellen Sie einen Text immer auf ungewöhnliche Weise dar!* Denn genau das garantiert Ihnen maximale Aufmerksamkeit. Normal kann jeder. Ihnen jedoch muss etwas Außergewöhnliches gelingen!

Sie dürfen daher einen Text nie einfach nur erzählen, sie müssen ihn *inszenieren!*

Etwas Training an Shakespeare-Texten kann hier hilfreich sein. Gerade an solchen Texten sieht man, dass man sie runterleiern, dass man sie aber auch äußerst eindrucksvoll darstellen kann!

Hilfreich ist es auch, sich immer vorzustellen, man stehe auf einer Bühne und präsentiere ein Stück, ein Stück, um die Zuschauer zu unterhalten, zu amüsieren, zu elektrisieren. Nehmen Sie z. B. den Text: »Und stellen Sie sich vor: Dann kam er doch tatsächlich ins Zimmer und er verließ es nicht mehr.«

Sie sollten es dann präsentieren wie: »Und (Pause) STELLEN Sie sich VOR (Pause): Dann kam er doch (Pause) TATSÄCHLICH ins Zimmer und (lange Pause) er verließ es (Pause) nicht mehr (Stimme senken).«

Gehen Sie folgendermaßen vor:

- Worte, die wichtig sind und besonders zur Dramatik beitragen, betonen Sie durch größere Lautstärke.
- Vor wichtigen Worten, die besondere Wirkung entfalten sollen, machen Sie Pausen: Je länger die Pause, desto größer die Dramatik.
- Signalisieren Sie Gefahr, unheimliche Stimmung etc. durch Senken der Stimme, Reduktion der Lautstärke, leichtes Zittern o. ä.

- Realisieren Sie bei erotischen Inhalten einen sexy Touch in Ihrer Stimme.

Besondere Effekte erreicht man auch durch *»angehauchte Konsonanten«*. Tammy Wynette hat das in ihrem Song »Stand by your man« gut demonstriert: Ihre angehauchten Konsonanten sind hoch erotisierend, vor allem das »ssstand by your mmman« – sie schafft es sogar, ein »th« anzuhauchen, zweifellos Zeichen einer hohen Expertise!

Natürlich können Sie angehauchte Konsonanten aber auch noch für andere Zwecke nutzen: Wenn Sie Verzweiflung dramatisch darstellen wollen, können Sie z. B. äußern: »Ich weiß nicht, wie lange ich noch hhhhier bin«. (Der Effekt kann durch ein leichtes Zittern in der Stimme zweifellos noch gesteigert werden!)

Das Vorgehen folgt dem Prinzip: Einfache Mittel – große Wirkung!

Auch mit der Stimmhöhe lassen sich gute Effekte erzielen: Wollen Sie erotisierend klingen, dann sprechen Sie mit eher tiefer, voller Stimme. Nehmen Sie sich ein Beispiel an Marlene Dietrich! Das sollten Sie aber nicht immer machen, Sie sollten es sich schon für besondere Gelegenheiten aufsparen.

GESTIK UND MIMIK

Für eine dramatische Darstellung sind Gestik und Mimik von großer Bedeutung. Sie müssen zum jeweiligen Text passen, ja sie müssen die Inhalte des Textes sogar betonen, verstärken.

Gut wirkt es, wenn Sie bei dem Satz »Ich weiß nicht, wie lange ich noch hhhhier bin« die Hand langsam zur Stirn führen, die Handfläche nach außen, die Finger schlaff und wenn sie einen wirklich *leidenden* Gesichtsausdruck erzeugen: Irgendwas zwischen depressiv und verzweifelt wäre angemessen.

Das erfordert natürlich intensives Training: Denn es darf Ihnen auf gar keinen Fall passieren, dass Sie beispielsweise ein Lächeln überkommt oder ein Ausdruck von Freude darüber, dass Ihnen die Performance gerade so gut gelingt.

Falls Sie dabei gefilmt werden, vermeiden Sie es unbedingt, dabei in die Kamera zu schauen, denn das vermittelt den Eindruck, das alles sei Show. Vielmehr müssen Sie deutlich machen, dass Sie das Ganze ja (»eigentlich«) gar nicht wollen, dass es Ihnen peinlich ist, die anderen so zu belasten und dass Sie sich ganz sicher zusammenreißen würden, wenn Sie nur könnten.

Wichtig ist auch die Körperhaltung: Sie können Ihren Körper straff halten, aufrecht, wenn Sie Stärke demonstrieren wollen. Wollen Sie aber Verzweiflung ausdrücken, dann sacken Sie in sich zusammen, sinken vorn über, können sich nur mit äußerster Kraft noch aufrecht halten; nur noch ein einziger Anstoß und Sie kippen vom Stuhl!

Und natürlich sollten Sie, wenn Sie Verzweiflung demonstrieren, Ihren Körper gebückt halten, gekrümmt, gramgebeugt: Sitzen Sie aufrecht, demonstrieren Sie Stärke und das macht die Darstellung unglaubwürdig.

Auch der körperliche Abstand zu einer anderen Person ist bedeutsam: Kennt man jemanden sehr gut, steht man eng bei ihm, kennt man ihn nicht gut, hält man Distanz. Auch das können Sie bewusst einsetzen.

Wollen Sie deutlich machen, dass Sie jemanden sehr mögen und wollen Sie erotische Anreize setzen, stellen Sie sich nah an ihn heran (oder Sie rücken nah an ihn heran, wenn Sie sitzen); wollen Sie dagegen auf subtile Weise Ihrem Partner mitteilen, dass Sie sauer sind, halten Sie mehr Abstand, als Sie es normalerweise täten.

Und das ist mit »Gesamtkunstwerk« gemeint: Die einzelnen Kanäle der Kommunikation müssen zusammenpassen, müssen sich in ihren Aussagen ergänzen und verstärken.

Glauben Sie mir: Alle Kommunikationskanäle bewusst aufeinander abzustimmen, ist eine schwierige Aufgabe. Verlassen Sie sich besser nicht darauf, dass Ihnen das spontan gelingt; auch hier ist ein hohes Maß an Training erforderlich.

Aber: Es lohnt sich auf alle Fälle, denn gerade durch die nonverbalen Kanäle werden viele wichtige Informationen vermittelt.

AUFMERKSAMKEIT

Natürlich ist Dramatik kein Selbstzweck: Dramatik dient einem Ziel! Niemand würde sich die Mühe machen, Dramatik zu inszenieren, wenn er damit nicht einen Zweck verfolgen würde. Und der Hauptzweck eines histrionischen Stils ist: *Aufmerksamkeit!*

Machen Sie sich klar, was Sie wollen: Sie wollen für andere Personen *wichtig sein, Sie wollen im Leben anderer eine zentrale Rolle spielen;* Sie wollen auch, dass andere Ihnen das (ständig) sagen und mitteilen.

Sie möchten,

- dass andere Sie anrufen, sich kümmern;
- dass andere Zeit mit Ihnen verbringen wollen;
- dass andere Sie ernst nehmen, sich mit Ihnen auseinandersetzen;
- dass andere Sie wahrnehmen, Ihnen zuhören;
- dass andere Ihnen sagen, dass sie ohne Sie nicht leben können etc.

Aber was Sie vor allem wollen, ist: Aufmerksamkeit, Aufmerksamkeit, Aufmerksamkeit!

Sie müssen im Zentrum der Aufmerksamkeit stehen: Ihres Partners, Ihrer Arbeitskollegen, einer ganzen Fete, eigentlich: aller!

Im Zentrum der Aufmerksamkeit fühlen Sie sich wohl, fühlen sich wertgeschätzt; Sie tun viel dafür, diese Aufmerksamkeit zu erlangen und Sie können es kaum ertragen, *keine* Aufmerksamkeit zu bekommen.

Und natürlich dient die ganze Dramatik, die Sie entfalten, im Wesentlichen diesem Ziel: Aufmerksamkeit auf sich zu ziehen und die Aufmerksamkeit auf der eigenen Person zu halten.

Und seien wir ehrlich, *nichts eignet sich so gut, Aufmerksamkeit auf sich zu ziehen, wie Dramatik!*

Alle anderen Strategien sind, verglichen damit, suboptimal: Dramatik ist genau das, was eine Person vom Alltäglichen abhebt, was sie aus der Masse hervorhebt, was sie auf die Bühne stellt.

Das macht aber noch auf einen anderen Aspekt aufmerksam: Es ist von großer Wichtigkeit, dass Sie Aufmerksamkeit wollen: Denn wenn Ihnen Aufmerksamkeit nicht wichtig ist, wird es Ihnen auch schwer fallen, eine gute Dramatik zu entfalten.

Und vor allem: Wenn Sie Aufmerksamkeit eher vermeiden wollen, wird Ihnen auch Dramatik nicht liegen. Dann nehmen Sie sich auf einer Party ein Glas Sekt, stellen sich an die Wand und nehmen die Farbe des Hintergrundes an. Aber wenn Sie Aufmerksamkeit wollen, dann nehmen Sie das Glas Sekt, streben den Mittelpunkt des Raumes an und stellen sich dar.

Der Wunsch nach Aufmerksamkeit ist der Motor der Dramatik!

MAN MUSS AUFMERKSAMKEIT ERZEUGEN!

Mit diesen Fähigkeiten ist Ihre Grundausbildung zum Histrioniker fast abgeschlossen. Ein wesentlicher Aspekt fehlt aber noch.

Und dieser Aspekt bezieht sich auf *zwei wesentliche Grundüberzeugungen*, die dafür zentral sind, ein Histrioniker zu sein und die (normalerweise) auf entsprechende biographische Erfahrungen zurückgehen. Aber Sie können auch so versuchen, sie sich anzueignen, das ist nicht so schwierig.

Die erste dieser Überzeugungen, die Sie wirklich brauchen, ist die, dass Sie als Person im Grunde unwichtig sind. Sie glauben, dass Ihr authentisches, unverstelltes Selbst für andere uninteressant ist. Niemand schenkt Ihnen Aufmerksamkeit, Sie werden ignoriert, nicht wahrgenommen, nicht ernst genommen. Sie sind tief davon überzeugt: Als Person sind Sie unwichtig und werden auch so behandelt.

Normalerweise entwickeln Sie als Histrioniker eine solche grundlegende Annahme, weil Sie durchweg den Eindruck hatten, dass Sie Ihren Eltern (oder einem Elternteil) nicht wirklich wichtig waren. Er verbringt keine Zeit mit Ihnen, hört Ihnen nicht zu, nimmt Sie nicht ernst etc. Sie laufen in der Familie so mit, haben aber nie den Eindruck, Ihren Angehörigen würde etwas Wesentliches fehlen, wenn Sie nicht da wären. Kurz: Sie glauben, dass Sie für Ihre Familie unwichtig sind. Auf diese Weise entwickeln Sie die allgemeine

Überzeugung, dass Sie *für andere Menschen* keine Rolle spielen.

Falls Sie solche Erfahrungen gemacht haben, wird es Ihnen leicht fallen, derart um Aufmerksamkeit zu buhlen. Falls nicht, versuchen Sie sich vorzustellen, wie sich solche Erfahrungen anfühlen. Dann werden Sie es leichter haben.

Und aus dieser Überzeugung, nicht wichtig zu sein, ziehen Sie eine wichtige Schlussfolgerung und von dieser sind Sie ebenfalls stark überzeugt: Wenn Sie wichtig sein wollen, wenn Sie Aufmerksamkeit wollen, wenn Sie ernst genommen werden wollen, *dann müssen Sie etwas dafür tun*!

Oder, anders gesagt: *Nur, wenn Sie etwas aktiv tun, werden Sie wahrgenommen und erhalten Sie Aufmerksamkeit!*

Also gehen Sie davon aus,

- dass andere von sich aus kein Interesse daran haben, Ihnen Aufmerksamkeit zu schenken;
- dass Sie also andere dazu veranlassen müssen, Ihnen Aufmerksamkeit zu geben;
- dass Sie deshalb *etwas Besonderes* tun müssen, denn Ihr normales Handeln wird nicht ausreichen.

Und: Sie müssen weit mehr tun, als nur Sie selbst zu sein, *Sie müssen andere aktiv dazu bringen*, Sie zur Kenntnis zu nehmen.

Wenn Sie das Gefühl haben, dass Sie als authentische

Person das, was Sie wollen, nicht bekommen werden, dann ist es wahrscheinlich, dass Sie eine *Tendenz zur Kompensation* entwickeln. Sie wollen dann genau das von den anderen, was diese Ihnen (Ihrer Meinung nach) verweigern: viel Aufmerksamkeit, große Wichtigkeit etc.

Und das sollten Sie auch, wenn Sie histrionisch werden wollen: Sie sollten hohe Erwartungen daran entwickeln, wie man mit Ihnen umzugehen hat und wie nicht!

Als Histrioniker wollen Sie damit noch viel mehr: Sie haben große Erwartungen an Ihre Partner, Freunde, Arbeitskollegen und aufgrund Ihrer Erwartungen stellen Sie *Regeln* auf: Regeln dafür, wie andere mit Ihnen umzugehen haben und wie nicht, dafür, wie andere Sie zu behandeln haben und wie auf keinen Fall.

Sie stellen also Regeln für andere auf, Regeln, an die andere sich halten sollen oder halten müssen.

Ihnen wird klar, dass Sie andere dazu veranlassen müssen, Ihnen zu geben, was Sie wollen, weil sie es von sich aus nicht tun. Sie müssen entsprechende Strategien entwickeln und die anderen, kurz gesagt, austricksen.

Und wiederum können Sie einwenden, das alles sei doch sehr anstrengend und wiederum haben Sie völlig Recht. Es ist in der Tat sehr anstrengend.

Aber aus Ihrer Sicht wird Ihnen gar keine Wahl bleiben und Sie werden den Eindruck haben, dass sich die Anstrengung letztlich lohnt: Denn wenn Sie gut handeln, dann *bekommen* Sie ja Aufmerksamkeit, Sie bekommen ja, was Sie wollen. Und dadurch, dass Sie bekommen, was Sie wollen, wird Ihr Handeln immer wieder bestätigt (bekräftigt) und damit aufrechterhalten. Sie werden es daher immer wieder und immer häufiger tun.

MANIPULATION

Diese Erkenntnisse sind nun die Grundlage für sogenanntes manipulatives Handeln.

Wenn man will, dass der Partner etwas Bestimmtes für einen tut, man aber davon ausgeht, dass er dies freiwillig, von sich aus, nicht tun wird, *dann besteht die Aufgabe darin, ihn dazu zu bringen.*

Das ist das Grundproblem, vor dem man steht:

- Man möchte, dass Interaktionspartner etwas Bestimmtes tun.
- Man glaubt aber, dass sie es nicht von sich aus tun werden.
- Also muss man sie *dazu bringen*, es zu tun (obwohl sie es eigentlich gar nicht wollen).
- Und man muss überlegen, *wie* man Sie dazu bringen kann, es zu tun.

Und dies kann man nur durch *manipulatives Handeln* erreichen: Man muss den Partner über die eigenen, wahren Ziele und Absichten im Unklaren lassen oder täuschen und ihm andere Gründe für sein Handeln bereitstellen.

Wenn Ihr Partner dienstags zu einem Pokerabend geht und sie das vereinbart haben, dann wissen Sie, dass es nichts nützt, wenn Sie ihn authentisch darum bitten, dazubleiben; dann wird er auf Ihre Vereinbarung verweisen und spielen gehen. Also müssen Sie tricksen: Sie sagen z. B., dass Sie Kopfschmerzen haben, er Sie aber »trotzdem ruhig alleinlassen soll« (möglichst nach den oben dargestellten Regeln der Dramatik). Das spricht das moralische Empfinden des Partners an und er wird zu Hause bleiben: Sie haben dann Ihr Ziel erreicht, indem Sie Ihren Partner über Ihren Zustand und Ihre wahren Absichten getäuscht haben.

Dies macht auf einen sehr wesentlichen Aspekt des Begriffs »Manipulation« aufmerksam: Psychologisch gesehen ist *damit keinerlei moralische Bewertung verbunden!* Man muss vielmehr davon ausgehen, dass *jeder* von uns manipuliert, denn jeder von uns versucht gelegentlich, *eigene Ziele auf Kosten eines anderen durchzusetzen.* Das ist völlig normal und auch völlig in Ordnung, solange die sogenannte Reziprozitätsregel nicht verletzt wird: Solange in einer Beziehung beide Partner den Eindruck haben, etwa gleich viel von der Beziehung zu profitieren und etwa gleich viel für die Beziehung zu tun, ist das okay.

Handeln beide nach der Devise: »Heute manipuliere ich, morgen darfst du!«, erzeugt Manipulation keinerlei

Probleme. Und wenn sie nicht gestorben sind, dann manipulieren sie noch heute!

Das bedeutet: Manipulation an sich ist nicht das Problem. *Das Problem ist die Dosis!*

Denn: Manipulation bedeutet ja immer, eigene Ziele auf Kosten des Anderen durchzusetzen: Und wenn man das nicht ausgleicht, beutet man durch Manipulation den Partner aus.

Manipuliert eine Person sehr stark, wird sich der Partner nach einiger Zeit *ausgenutzt* fühlen und dann baut sich Unzufriedenheit auf. Wird diese zu stark, ruiniert das die Beziehung.

Wie schnell sich dabei Unzufriedenheit aufbaut, hängt davon ab, wie viel der Partner für Sie zu tun bereit ist: Lässt er sich viel gefallen, entwickelt sich Unzufriedenheit nur langsam. Achtet er sehr stark auf Ausgeglichenheit und Fairness, wird er schnell unzufrieden.

Und: Es gibt bei jeder Person eine kritische Schwelle für Unzufriedenheit. Von diesem Punkt an kann man sie nicht mehr ignorieren und die Person fängt an, ärgerlich zu reagieren.

Sollte das bei Ihrem Partner der Fall sein, sollten Sie schnell etwas für ihn tun und eine Zeit lang mit der Manipulation aufhören, ansonsten kann Ihnen die Beziehung um die Ohren fliegen.

Also: Sie sollten gar nicht auf Manipulationen verzichten! Denn ohne Manipulation können Sie nicht wirklich histrionisch sein. Aber: Sie sollten immer wieder darauf achten, dass Ihr Partner nicht zu kurz kommt, denn ansonsten gefährden Sie die Beziehung.

Sie könnten hier einwenden, Manipulation sei nichts anderes als eine Lüge: Aber das stimmt nicht ganz.

Denn »lügen« bedeutet ja nur, einer anderen Person nicht das mitzuteilen, was man selbst für die Wahrheit hält. Manipulation bedeutet insofern tatsächlich meist, dass man »lügt«; sie bedeutet darüber hinaus aber noch mehr: Manipulation heißt, die Absichten des anderen bewusst zu steuern, sodass er genau das denkt und will, was man möchte, dass er denkt oder will. »Lügen« bedeutet nur, die Wahrheit zu verschleiern, Manipulation dagegen ist ein sehr kunstvolles *Spiel*, das sich manchmal auf hohem intellektuellem Niveau bewegt!

EGOZENTRIK

Eines sollte Ihnen als Histrionikerin völlig klar sein: Sie sind das Zentrum des Universums und es dreht sich alles um Sie!

Zu Beginn möchten Sie sich wichtig fühlen. Aber je mehr Ihnen Ihre Wichtigkeit tatsächlich signalisiert wird, desto mehr wollen Sie. Daher kann es Ihnen nach einiger Zeit auf keinen Fall mehr reichen, nur »wichtig« zu sein.

Nein: Sie wollen auf jeden Fall die *Wichtigste* sein. Und zwar mit Abstand. Der Partner hat Ihnen deshalb nicht einfach nur Aufmerksamkeit zu schenken, er hat *nur Ihnen* Aufmerksamkeit zu schenken. Es ist völlig inakzeptabel, dass er sich noch um jemand anderen kümmert oder noch jemand anderen beachtet!

Sie wollen damit nicht nur die Göttin sein, sondern Sie dulden auch keine anderen Göttinnen neben sich!

Und da Sie das genau so wollen, aber nie völlig sicher sein können, ob andere das auch genau so machen, konzentrieren Sie sich in hohem Maße nach außen und beobachten andere:

- Bekomme ich genügend Aufmerksamkeit?
- Stehe ich auch wirklich im Mittelpunkt?
- Gibt es jemanden, der mich ignoriert?
- Wagt es tatsächlich jemand, mich zu missachten?

Sie könnten nun einwenden, das alles sei ziemlich anstrengend und Sie hätten damit zweifellos Recht. Aber denken Sie daran: Sie glauben ja auch, dass Sie nichts geschenkt bekommen und deshalb ist Anstrengung völlig okay. Und bitte: Es lohnt sich, denn auf diese Weise bringen Sie andere auf Kurs und bekommen, was Sie wollen.

3

WERDEN SIE ZUM FORTGESCHRITTENEN HISTRIONIKER!

Mit den Ausführungen haben wir den Grundstein für eine Histrionik gelegt: Mit Dramatik, dem Bedürfnis nach Wichtigkeit und einem Verständnis für die Grundlagen der Manipulation sind Sie nun bestens gerüstet, sich auf den Weg zu machen, eine Expertin in Sachen Histrionik zu werden.

Dazu ist es als Erstes wichtig, die manipulativen Strategien zu verfeinern und die Kompetenzen in dieser Hinsicht stark auszubauen, denn Histrioniker sind Meister der Manipulation.

Wirklich *gute* Histrioniker begnügen sich auch nicht mit gelegentlichen Manipulationen: Sie spannen vielmehr ihre Partner, aber auch Freunde und Bekannte, praktisch ihr komplettes Umfeld, voll ein, um rund um die Uhr Aufmerksamkeit zu bekommen und sich versichern zu lassen, wie eminent wichtig sie sind, dass man sie liebt, hört, ernst nimmt, sich um sie kümmert, aber auch: dass man sie entlastet, sie schont, ihnen Mühsal erspart usw.

Wollen Sie also eine Stufe aufsteigen, dann sollten Sie sich mit den Details manipulativer Strategien befassen.

MANIPULATIVE STRATEGIEN

Zur Manipulation von Partnern kann man verschiedene und verschieden komplexe manipulative Strategien verwenden.

Manipulative Strategien sind komplexe Abfolgen von Handlungen, mit deren Hilfe man Partner dazu bringen kann, etwas für einen zu tun und zwar auch dann, wenn der Partner das eigentlich gar nicht will und gegebenenfalls auch so, dass der Partner (zunächst) auch nicht merkt, was eigentlich abläuft.

Man kann im Wesentlichen zwei Arten von manipulativen Strategien unterscheiden, zwischen denen man wählen kann: *positive und negative Strategien.*

POSITIVE STRATEGIEN

Positive Strategien sind solche, bei denen man den Partner manipuliert, indem man *scheinbar* seine Wünsche befriedigt. Daher hat der Partner immer erst einmal den Eindruck, Ihr Verhalten sei positiv, gut gemeint und wird es *zuerst einmal als angenehm empfinden:* als bedürfnisbefriedigend, als eine Art Erfüllung seiner Wünsche.

Damit ist die Wahrscheinlichkeit hoch, dass der Partner (zunächst einmal) genau das macht, was Sie wollen. Erst wenn Sie den Bogen überspannen, wird er anfangen, sich ausgenutzt zu fühlen, doch wenn Sie geschickt sind, kann das relativ lange dauern.

Positive Strategien sind daher sehr vorteilhaft: Sie verschaffen Ihnen, was Sie wollen, sie sind aber nicht sonderlich »interaktionstoxisch«: Das heißt, sie vergiften die Beziehung, wenn überhaupt, nur sehr langsam.

Der Nachteil dieser Strategien ist jedoch, dass sie keinen großen *Impact* haben. Wenn der Partner will, kann er Ihre Strategien ignorieren und Sie auf diese Weise auflaufen lassen (das wird er in der Regel aber nur dann tun, wenn er Ihre Strategie als solche durchschaut).

Eine positive Strategie ist daher, sich einem Partner gegenüber erotisierend und scheinbar lasziv zu verhalten. So bringt man ihn dazu, bestimmte Dinge zu tun, sich auf Deals einzulassen, auf die er sich sonst nicht eingelassen hätte. So bringen Sie ein Anliegen in einer verführerischen Weise an den Partner heran: »Du möchtest auch sicher XY für mich tun, nicht wahr, Schatz?« Und Schatz möchte, betört von Ihrer erotischen Austrahlung, ganz sicher XY für Sie tun!

Sie machen die erotische Ausstrahlung deutlich, indem Sie

- sich entsprechend kleiden: attraktiv, sexy (aber nicht zu sexy; sie wollen verführerisch wirken, nicht professionell!);

- entsprechende Signale senden: Augenkontakt halten, tiefer Blick in die Augen, Lächeln, Suchen nach Nähe, zugewandte Körperhaltung etc.;
- entsprechende Aussagen machen: Wie gut Ihnen der Abend gefällt, wie gerne Sie ihn fortsetzen möchten etc.

Dabei müssen Sie gar keinen Sex anstreben: Sie geben einfach nur Ihrem Partner das Gefühl, begehrt, männlich, attraktiv zu sein!

Sie realisieren damit eine Art Quid pro quo: Geben Sie ihm, was er will und braucht, dann gibt er Ihnen, was Sie wollen und brauchen. Machen Sie ihm deutlich, wie toll, stark und maskulin er ist, dann lässt er Sie spüren, wie begehrenswert, weiblich und anziehend Sie sind.

Und natürlich stürzen Sie sich nicht sofort in jedes Abenteuer! Das kann niemand von Ihnen erwarten.

Dies ist trotz der positiven Verpackung eindeutig eine Manipulation, denn:

- Wenn Sie dies tun, liegt Ihnen eigentlich gar nichts an der Erotik oder es geht Ihnen nicht zentral darum (mit diesem Partner, zu diesem Zeitpunkt) und Sie lassen sich auch gar nicht ernsthaft darauf ein.
- Sie täuschen also den Partner über Ihre tatsächlichen Absichten, denn das, was Sie eigentlich wollen, verschleiern Sie.
- Der Partner lässt sich aufgrund Ihres Verhaltens auf Dinge ein, die er ansonsten nicht tun würde.

- Da er Ihre echten Absichten nicht durchschaut, hat er keine Wahl, er wird mehr oder weniger systematisch getäuscht.

Da Ihr Verhalten aber angenehm ist, stört es ihn zunächst vielleicht nicht, etwas für Sie zu tun: Und, wenn Sie den Bogen nicht überspannen, wird er auch nicht sauer und unzufrieden.

Typische positive Strategien, die Sie gut nutzen können, sind z. B.:

- *Unterhaltsam sein*
  Machen Sie guten Smalltalk, faszinieren Sie andere durch dramatisch inszenierte Geschichten, durch spannende Abenteuer (egal, ob sie stimmen oder nicht), erzählen Sie Geschichten über sich selbst, aber auch über andere, die Enthüllungen enthalten, »confessions«, die aber Ihren Mut, Ihre Intelligenz, Ihre Verwegenheit deutlich machen.
- *Sich gut darstellen*
  Stellen Sie sich als charmant dar, als jemand, mit dem man gut reden kann, der extrem nett ist, freundlich, gut gelaunt, humorvoll etc.: Dann wickeln Sie Ihr Gegenüber ein und er wird Ihnen gerne den einen oder anderen Gefallen tun. Sie loben Ihren Interaktionspartner, machen deutlich, wie viel Sie von ihm halten, dass Sie ihn für großartig halten; loben Sie ihn am Besten für Dinge, bei denen er selbst an sich zweifelt, das wird er ganz besonders zu schätzen wissen.

- *Attraktiv sein*
  Achten Sie auf Ihr Aussehen: Stylen Sie sich gut, kleiden Sie sich so, dass Sie (extrem) attraktiv sind; stylen Sie Ihr Äußeres so, dass Sie Aufmerksamkeit erregen, Bewunderung erzeugen etc. Aber Vorsicht: Übertreiben Sie es nicht! Das Ganze darf nicht gewollt, übertrieben oder aufdringlich erscheinen. Wiederum wollen Sie attraktiv aussehen, nicht »professionell«. Das kann voraussetzen, dass Sie über einen begehbaren Kleiderschrank verfügen, über ein eigenes Schminkzimmer, über 200 unterschiedliche Arten von Lippenstiften, die niemand außer Ihnen noch unterscheiden könnte. Auch das alles ist hochgradig aufwändig, aber wiederum: Der Einsatz lohnt sich!
- *Erotische Ausstrahlung haben*
  Durch Kleidung, durch Körperhaltung, aber vor allem durch Sprache können Sie eine sehr dezente, aber nichtsdestoweniger gut erkennbare erotische Ausstrahlung erzeugen. Ein dezenter Hinweis darauf, dass Sie Erotik zu schätzen wissen, dass Sie entsprechende Annäherungen positiv aufnehmen; aber machen Sie deutlich, dass das alles nur ein Spiel ist: Natürlich endet es nicht mit Sex!
  Sex ist trivial, entscheidend ist die Kunst des Erotik-Spiels! (Aus meiner Sicht hat das nie jemand wieder so gut hinbekommen wie Juliette Greco in der Serie *Belphégor*.)

Erotik ist die Kunst des Angedeuteten, des »Es-könnte-vielleicht-passieren« und des Spieles mit dem Feuer: Aber lassen Sie sich nicht auf Sex ein, denn das würde ja die ganze Spannung zerstören.

Alle diese Strategien wirken zuerst einmal positiv auf den Interaktionspartner, also ist es wahrscheinlich, dass Sie Ihr Ziel damit auch erreichen. Und wenn Sie die Dosis nicht überziehen und Ihren Partner nicht zu kurz kommen lassen, dann werden Sie ihn auch nicht verärgern. (Sollte Ihr Partner zu zudringlich werden, dann spielen Sie das »Ich-würde-ja-gerne-Spiel«: Sie machen deutlich, dass sie ihm und seinen Wünschen furchtbar gerne nachgeben würden, dass jedoch Ihre moralischen Hürden (!) leider unüberwindbar sind und Sie darunter mindestens so leiden wie er.)

Solche Strategien sind, wenn Sie sie gut beherrschen, sehr effektiv und Sie bekommen in hohem Maße Aufmerksamkeit, man kümmert und bemüht sich um Sie u. ä.

Falls Ihnen das aber nicht reicht, können Sie sich natürlich auch negative Strategien aneignen.

NEGATIVE STRATEGIEN

Negative Strategien sind solche, die den Partner zu einem Verhalten *zwingen*, das er eigentlich nicht will.

Ein Beispiel wären die erwähnten Kopfschmerzen, die den Partner veranlassen, die Pokerrunde abzusagen.

Bei negativen Strategien manipuliert man nicht dadurch, dass man dem Partner Wünsche erfüllt, sondern dadurch, dass man ihm ein »schlechtes Gewissen« macht.

Wenn Sie z. B. Kopfschmerzen simulieren, dann aktivieren Sie eine Norm beim Partner (»Man lässt kranke Partner nicht allein und nicht im Stich«); beim Partner würde ein schlechtes Gewissen entstehen, wenn er gegen diese Normen verstieße.

Also tut er, was Sie wollen, aber er tut es nicht, weil es ihm selbst Spaß macht, sondern er tut es, weil er sich (durch sein schlechtes Gewissen) dazu *gezwungen* fühlt: Er findet es nicht gut, zu Hause bleiben zu müssen, aber er hat praktisch gar keine andere Wahl.

Negative Strategien machen dem Manipulierten daher keinen Spaß: Er *muss* handeln, obwohl er das gar nicht gut findet.

Daher sind negative Strategien sehr zwingend, sie haben einen hohen »Impact«. Der Partner kann sie nicht ignorieren und sich ihnen nur schwer entziehen. Dies ist der Vorteil dieser Strategien: Sie sind universelle Verhaltensjoker!

Dafür haben Sie aber auch hohe *Risiken und Nebenwirkungen:* Der Partner fühlt sich von vornherein *gezwungen*, er wird damit sehr schnell ungehalten und unzufrieden und fühlt sich recht schnell ausgenutzt und manipuliert.

Damit sind negative Strategien hochgradig »interaktionstoxisch«: Sie können eine Beziehung schnell vergiften.

Wenn Sie also solche Strategien einsetzen, sollten Sie das nur sehr dosiert und immer zeitlich begrenzt tun, sonst gehen Sie das Risiko ein, dass es dem Partner schnell zu viel wird und er Ihnen dann die Brocken vor die Füße wirft: Und dann hat es sich aus-manipuliert!

Negative Strategien sind sehr vielfältig. Sie können hier z. B. alle möglichen körperlichen oder psychischen Symptome produzieren. Damit realisieren Sie sogenannte »Appelle«: Sie senden Signale, die dem Partner indirekt etwas mitteilen, was er tun soll bzw. etwas, was er *nicht* tun soll, wie z. B.:

- Kümmere dich um mich!
- Gib mir mehr Aufmerksamkeit!
- Sei mehr für mich da!
- Belaste mich nicht (noch zusätzlich)!
- Nimm mir Aufgaben ab, entlaste mich!
- Übernimm für mich Verantwortung!
- Bleib bei mir!
- Tu genau das, was ich sage!

Um den Partner auf Trab zu bringen, können Sie

- Kopfschmerzen,
- Rückenschmerzen,
- Herzprobleme oder Herzschmerzen vortäuschen.

Oder Sie können:

- Ängste,
- Panikanfälle,
- Agoraphobien,
- Depressionen erzeugen.

Sie können sich auch komplexe Probleme zulegen, wie z. B. Somatisierungsstörungen.

Im Prinzip stehen Ihnen *alle* somatischen oder psychischen Probleme und Symptome offen. Und im Internetzeitalter können Sie sich mühelos über die richtigen Symptome informieren, sodass Ihnen ein Fehler wie meiner Klientin, die behauptete, »Prostataprobleme« zu haben, nicht mehr unterlaufen muss: Das ist nun wirklich ein vermeidbarer Patzer!

Wenn Sie eine wirklich exquisite Manipulation wollen, sind *Herzprobleme* ziemlich genial: Denn alle Partner bekommen sofort eine Heidenangst, wenn ein Herzinfarkt droht. Also machen Sie sich schlau (das Internet macht's wirklich leicht): Lernen Sie, wie sich ein Herzinfarkt andeutet, welche Symptome man bei Herzerkrankungen hat etc.

Dann sollten Sie sich zur Sicherheit noch einen Freibrief holen, indem Sie die Diagnose noch von einem Arzt bestätigen lassen: Gehen Sie mit der Schilderung der Symptome zu einem Kardiologen. Dieser wird zwar medizinisch nichts feststellen, wird aus Sicherheitsgründen aber dennoch die ganze Diagnostik abziehen: Belastungs-EKG, 24-Stunden-EKG, Ultraschall und auch einen Herzkatheter. (Ich hatte schon Herzangst-Patienten, die Kardiologen veranlasst haben, fünf Herzkatheter-Untersuchungen durchzuführen, obwohl es nie einen Befund gab.)

Und damit haben Sie schon einen *Joker:* Denn selbst, wenn alle diese Diagnostiken ohne Befund bleiben, können Sie schon die *Tatsache dieser Untersuchungen für sich verwenden* mit dem Argument: Der Arzt würde ja wohl alle dieser aufwändigen Diagnostiken nicht machen, wenn nichts wäre! Und außerdem können sich Ärzte ja auch irren. Beim nächsten Mal wird er sicher etwas finden. Und wahrscheinlich werden sich auch ein paar Minimalbefunde einstellen und dann haben Sie die große Freikarte zur Manipulation: Sie sind definitiv herzkrank, müssen dringend geschont, entlastet werden, dürfen sich auf keinen Fall aufregen etc.

Und natürlich muss man sich um Sie kümmern, auf Sie aufpassen, darauf achten, dass Ihnen auch wirklich nichts passiert.

Und wenn Sie sich auf einer Fete zu wenig beachtet fühlen, dann fassen Sie sich mit einem leichten Stöhnen ans Herz: Sofort werden alle aufmerksam, Sie stehen unmittelbar im Mittelpunkt und man wird Ihnen empfehlen, sich eine Nitro-Tablette unter die Zunge zu legen.

Und sollte Ihr Partner mal verärgert sein und Sie kritisieren, dann wird Ihnen schwindelig, Sie bekommen

Schmerzen im linken Arm und müssen sich unbedingt hinsetzen: Und schon bedauert Ihr Partner die Attacke, entschuldigt sich und nimmt alles zurück!

Ein »Herzproblem« stellt wirklich den *universalen Verhaltensjoker* bereit und toppt damit Rückenschmerzen oder Ängste bei Weitem!

Aber natürlich sind auch Rückenschmerzen nicht so schlecht. Denn sollte Ihr Partner nicht angemessen darauf reagieren und Sie entsprechend entlasten, dann können Sie dem Ganzen schnell Nachdruck verleihen: Wenn Sie den Tisch decken (müssen), können Sie (erst leise, dann lauter) stöhnen, innehalten, warten, bis der Schmerz nachlässt, gebückt laufen, sich an den Rücken fassen, alles mit entsprechender Dramatik (Grundkenntnisse anwenden!).

Sollte Ihnen der Partner etwas abnehmen wollen (was Ihnen aber nicht reicht, denn er soll Sie gefälligst gar nicht mit dem Mist belasten!), dann sagen Sie (dramatisch, mit belegter Stimme und angehauchten Konsonanten): »Ich ssssschaffe es ssschon!« Natürlich wird dem Partner dann sofort klar, dass Sie kurz vor einem Zusammenbruch stehen!

Des Weiteren machen Sie aber auch klar:

- Sie wollen sich natürlich auf keinen Fall drücken!
- Sie bemühen sich nach Kräften, kämpfen heroisch gegen Ihre Schmerzen an!
- Werden aber von diesen überwältigt, wofür Sie aber natürlich nichts können.

- Dass Sie Ihren Partner derart zusätzlich belasten, tut Ihnen wirklich leid.
- Und Sie werden sich irgendwann bemühen, alles wieder gutzumachen.

Und das ist allgemein sehr wichtig: Sie machen immer deutlich,

- dass Sie sich ja nach Kräften bemühen,
- dass Sie auf alle Fälle vermeiden wollen, den Partner noch zusätzlich zu belasten,
- dass Sie daher auch Schmerzen in Kauf nehmen, so gut Sie können,
- dass Sie ja eigentlich auch gar nicht wollen, dass irgendjemand etwas von Ihren Beschwerden weiß!

Denn: Sollte es Ihnen gelingen, dass andere Ihnen dieses Image abkaufen, geraten Sie nicht unter Manipulationsverdacht. Dummerweise kann es aber anderen nach einiger Zeit dämmern, dass etwas nicht stimmt; das Risiko werden Sie dann wohl eingehen müssen.

DAS SPIEL »DORNRÖSCHEN«

Eine besonders exquisite manipulative Strategie nennen wir »Dornröschen-Spiel«. Wir bezeichnen es als Spiel, weil es intransparent ist und den Interaktionspartner hinter's Licht führt, wie man es bei Spielen allgemein tut.

»Dornröschen« bedeutet, dass man signalisiert,

- dass man vom Partner etwas benötigt: Zuwendung, Hilfe, Unterstützung, Solidarität o. ä.,
- dass es sehr schön wäre, wenn der Partner einem dies geben würde,
- dass man aber aus irgendwelchen (nicht näher definierten!) Gründen das Angebot des Partners nicht ohne Weiteres annehmen kann,
- dass der Partner sich daher anstrengen muss, Hindernisse überwinden muss, etwas Besonderes leisten muss, um das Gewünschte »an die Frau zu bringen«.

Die Botschaft an den Partner ist daher: »Brich durch die Hecke und küsse mich wach!«

Zum Beispiel macht man dem Partner durch entsprechende Andeutungen klar, dass man einem Abenteuer gegenüber nicht abgeneigt wäre. Aber man hat Skrupel, ist schüchtern, muss erobert, überzeugt werden. Das heißt, der Partner kann einiges bekommen, muss sich vorher aber außergewöhnlich anstrengen.

Oder man macht deutlich, dass man dringend Hilfe braucht, jemanden, der einen tröstet, aus dem Jammertal zieht.

Aber man ist eben *sehr* verzweifelt, normale Argumente oder normaler Trost reichen bei Weitem nicht mehr; der Partner muss rund um die Uhr da sein, muss

Zurückweisungen aushalten, Weinkrämpfe ertragen u. ä., bevor der Zustand sich langsam bessern kann.

Der Sinn des Spiels erschließt sich recht schnell: Als Histrionikerin wollen Sie, dass ein Partner Ihnen Aufmerksamkeit gibt, sich kümmert, für Sie da ist. Und es ist völlig klar: *Je mehr Hindernisse er dabei überwindet, umso ernster muss es ihm sein!* Je stacheliger die Hecke ist, durch die er bricht, desto wichtiger müssen Sie ihm sein.

Das alles kann auch sehr gut funktionieren, aber wenn Sie es übertreiben, wenn die Hecke zu dick oder zu stachelig wird, dann sollten Sie sich nicht wundern, dass der Partner früher bricht als die Hecke.

DAS SETZEN VON REGELN

Auf dem Wege, ein fortgeschrittener Histrioniker zu werden, müssen Sie unbedingt eines noch lernen: Sie müssen lernen, *Regeln zu setzen und durchzusetzen!*

Das Setzen von Regeln ist eine negative Strategie. Sie können Partner damit relativ schnell verärgern, aber Regeln aufzustellen ist einfach zu verführerisch, um darauf zu verzichten.

Denn solange es funktioniert, verschafft es Ihnen enorm viele Vorteile: *Sie können sich Ihre Umwelt so schaffen und gestalten, wie es Ihnen gefällt!*

Und natürlich wollen Sie nicht ernsthaft auf eine solche Möglichkeit verzichten.

Wenn Sie *Regeln* setzen, dann formulieren Sie damit *Erwartungen* an andere: Sie definieren, wie man mit Ihnen umzugehen hat, wie man Sie zu behandeln hat, und Sie definieren, wie man auf keinen Fall mit Ihnen umzugehen hat.

Sie definieren damit Verhaltensvorschriften, Vorschriften, an die Ihre Partner, Freunde, Arbeitskollegen etc. sich zu halten haben.

Sie wollen, dass andere sich an diese Regeln halten und diese Erwartungen erfüllen. Und Sie wollen auch, dass andere diese Regeln befolgen, ohne dass Sie sie erläutern oder auch nur äußern müssen. Im Grunde möchten Sie, dass die anderen diese Regeln *telepathisch erfassen!* Sie gehen dabei von Annahmen aus, wie:

- Wenn die anderen mich kennen würden oder sich wirklich Mühe geben würden, dann wüssten sie schon, was ich will oder was mir gut tut.
- Wenn mein Partner mich wirklich lieben würde, dann könnte er sich auch in mich hineinversetzen.

Natürlich wissen Sie auch, dass Liebe niemanden zum Telepathen macht – zumindest nicht in diesem Teil des Universums; aber das muss Sie nicht weiter kümmern, denn, wie gesagt: Sie sind den Effekten verpflichtet, nicht der Realität. Also ist es Ihr gutes Recht, eine unrealistische Forderung aufzustellen und durchzusetzen.

Also stellen Sie Regeln auf wie:

- Mein Partner hat mir mindestens dreißigmal am Tag zu sagen, dass er mich liebt und dass er ohne mich nicht leben kann.
- Mein Partner hat mir uneingeschränkte Aufmerksamkeit zu geben, rund um die Uhr.
- Mein Partner hat meine Wünsche sofort und ohne Widerspruch auszuführen und zwar genau so, wie ich es will.
- Mein Partner darf keine andere Person neben mir attraktiv finden etc.

Und wichtig ist, dass Sie sich nicht nur völlig legitimiert finden, solche Regeln aufzustellen, sondern, dass Sie sich auch völlig legitimiert finden, solche Regeln *durchzusetzen und die Partner zu bestrafen, sollten Sie sich nicht an die Regeln halten.* Es ist wichtig, dass Ihnen das ganz natürlich und zwingend erscheint: Es geht schließlich um Sie! Und er hat bestimmte Dinge ganz einfach zu tun! Das versteht sich ja wohl von selbst! Und wenn nicht, dann muss man ihm zeigen, wo es langgeht!

Und: Hält sich der Partner nicht an Regeln, können Sie Folgendes tun (habe ich in Paartherapien alles schon gehört!):

- Sie schicken auf einer Fete Ihren Partner los, Ihnen ein Glas Sekt zu holen; das macht er auch brav, nur trifft er leider auf dem Rückweg einen alten Schulfreund und quasselt fünf Minuten mit dem. Dadurch kommt er fünf Minuten zu spät mit dem Sekt bei Ihnen an und das ist aus Ihrer Sicht völlig inakzeptabel. Also schreien Sie ihn an, so laut, dass es jeder auf der Fete hören kann: »Das ist ja immer dasselbe mir dir! Du lässt mich immer warten! Da kann ich ja auch gleich allein auf die Fete gehen!« Der Partner denkt verzweifelt darüber nach, welche Art von Ausnahmeverbrechen er begangen haben könnte: Nun, ganz einfach, er hat gegen eine Ihrer Regeln verstoßen!

- Wenn Sie mit Ihrem Partner frühstücken, dann erwarten Sie, dass er Ihnen ungeteilte Aufmerksamkeit schenkt und Ihnen zuhört. Stattdessen liest Ihr Partner Zeitung und ignoriert Sie. In diesem Fall steht es Ihnen natürlich zu, den Tisch zu nehmen und ihm den gesamten Tischaufbau, einschließlich der Spiegeleier, in den Schoß zu schütten.
- Wenn Ihr Partner zum wiederholten Male etwas vergisst, was Ihnen wichtig ist, dann sollten Sie so wütend und enttäuscht reagieren, dass ihm unmissverständlich klar ist, dass es so nicht weitergehen kann: »Wenn du so wenig auf mich achtest, kann ich ja auch alleine leben! Wozu habe ich dann überhaupt einen Partner? Du ignorierst mich ja vollkommen!«
- Oder, falls Ihnen das an Dramatik nicht reicht, dann können Sie auch sehr wirksam mit Suizid drohen: »Ich bringe mich jetzt um! Es kümmert sich ja sowieso keiner um mich! Das hat ja alles gar keinen Zweck mehr!« (Seien Sie aber um Gottes Willen vorsichtig mit demonstrativen Suizidversuchen, die ge-

hen tatsächlich manchmal schief, davon sollte man besser die Finger lassen!)
Diese Beispiele machen auch wieder deutlich, dass erneut Dramatik im Spiel ist: Eine einfache Ermahnung ist bei Weitem nicht dramatisch genug: Es müssen schon Eier fliegen und es muss Porzellan zu Bruch gehen, unter dem sollten Sie es nicht tun! Immerhin haben Sie Ihren guten Ruf als Histrionikerin zu verlieren!
- Sie bereiten Ihrem Partner abends das Essen zu und erwarten ihn um 19 Uhr: Er steht aber im Stau und kommt um 19.15 Uhr an. Das interpretieren Sie als Missachtung Ihrer Person, die auf keinen Fall akzeptabel ist, also schmeißen Sie das Essen in den Mülleimer. Ihr Partner versucht dann auch noch, sich damit zu rechtfertigen, er habe im Stau gestanden. Aber das lassen Sie ihm nicht durchgehen mit den Worten: »Dann fahr doch gefälligst früher los! Du kennst doch die Strecke! Ich gebe mir solche Mühe! Und dann lässt du alles kalt werden!«

Durch das Setzen solcher Regeln können Sie Partner auf Spur bringen: Sie können sie dazu bringen,

- genau das zu tun, was *Sie* wollen,
- Ihnen Aufmerksamkeit zu geben, sich zu kümmern etc.,
- Ihnen unangenehme Aufgaben abzunehmen und Sie zu entlasten.

Daher hat das Setzen von Regeln viele Vorteile.

Aber Vorsicht: Wenn Sie das übertreiben, kann Ihr Partner recht schnell sauer werden und das kann langfristig dazu führen, dass er *gar nichts* mehr für Sie tut!

Sie können hier auch eine vielfach verwendete Variante der Regel-Setzer-Strategie realisieren: Das sogenannte »Blumen-Paradox«.

Sie wollen z. B., dass Ihr Partner Ihnen Blumen schenkt. Aber Sie erwarten, dass er »von selbst darauf kommt« oder dass er es »telepathisch« erfasst, nach der Devise: »Wenn er mich wirklich lieben würde, dann wüsste er, dass ich mir Blumen wünsche und dann würde er mir auch tatsächlich welche kaufen.«

Also gehen Sie natürlich nicht davon aus, dass Sie ihm etwas derart Selbstverständliches und Triviales auch noch *sagen* müssen.

Mehr noch: Wenn Sie es ihm sagen würden, dann würde er es ja nur tun, weil Sie es ihm gesagt haben, er würde es aber nicht mehr tun, weil er es selbst will!

Und dann wäre ja die ganze Blumen-Aktion völlig wertlos! Sie würde ja in keiner Weise mehr zeigen, wie wichtig Sie sind!

Also kommt es auf keinen Fall infrage, ihn auf das aufmerksam zu machen, was Sie sich wünschen.

Psychologisch hat Ihre Logik mehr Löcher als ein Schweizer Käse, da

- Männer sich im Allgemeinen in gar keiner Weise für Blumen interessieren,

- und auch nicht darauf kommen, dass Frauen gerne welche hätten und dies als Zeichen von Wertschätzung interpretieren würden,
- Männer keine Telepathen sind und durch Liebe auch nicht zu Telepathen werden,
- Männer sich aber gerne erinnern lassen und dann begeistert das tun, was die Partnerin will,
- und das auch dann tun, um es der Partnerin recht zu machen,
- Männer in diesem Fall also Blumen kaufen, weil sie es für ihre Partnerin tun: Die Tatsache, dass sie erinnert werden mussten, bedeutet in gar keiner Weise, dass sie nicht die besten Absichten haben.

In der Paartherapie vertritt man die Regel: Alles, was man vom Partner möchte oder was er ändern sollte, muss man dem Partner mitteilen und zwar so, dass er es verstehen kann!

Aber bitte: Diese kleinlichen Realitätseinwände sollten Sie natürlich in gar keiner Weise kümmern. Wenn Sie weiterhin davon ausgehen, Ihr Partner müsse Telepath werden, wenn Sie das so wollen, wird dies die Realität auf erfreuliche Weise vereinfachen! Und es legitimiert Sie, sich über den Partner aufzuregen und ihm ein schlechtes Gewissen zu machen, wenn er seine Telepathie-Kurse vernachlässigt.

EINE UNTERHALTSAME VARIANTE: DAS SPIEL »ES IST ALLES IN ORDNUNG, SCHATZ«

Sie können aber noch mehr Action und Dramatik in Ihr Leben bringen, wenn Sie im Alltag mehr Spiele spielen, also systematisch intransparent und manipulativ handeln.

Wenn Ihr Partner etwas getan hat, was Sie ärgert, Sie aber entweder keine Lust darauf haben, sich offen mit ihm auseinanderzusetzen und den Konflikt auszutragen oder Sie vermuten, dass eine Auseinandersetzung eventuell gar nicht zu Ihren Gunsten ausgehen könnte, können Sie versuchen, ihn durch ein Spiel auf Kurz zu bringen oder ihn dadurch bestrafen (oder beides).

Dann können Sie ein beliebtes Spiel spielen: »Es ist alles in Ordnung, Schatz!«

Bei diesem Spiel erzeugen Sie ganz bewusst eine Diskrepanz zwischen verbalen und nonverbalen Signalen.

Auf der verbalen Ebene behaupten Sie, es sei alles in Ordnung, nonverbal machen Sie aber unmissverständlich deutlich, dass dies keineswegs der Fall ist.

Anstatt zu Ihrem Partner wie gewohnt freundlich zu sein, ihn anzulächeln etc., verhalten Sie sich höflich und förmlich: Sie lächeln nicht, machen keine freundlichen Bemerkungen, sehen ihn kaum an; natürlich sind Sie höflich, man kann Ihnen nichts vorwerfen, bloß lassen Sie die freundlichen Dinge, die Sie sonst tun, sein.

Sie geben dem Partner nur kurze Antworten, sagen wenig von sich aus, sind reserviert, emotional runtergefahren: Durch den Kontrast, den Sie zu Ihrem normalen Verhalten erzeugen, machen Sie Ihrem Partner ganz deutlich, dass Sie »irgendwie sauer« sind.

Ihrem Partner wird das natürlich relativ schnell auffallen und er wird Sie darauf ansprechen: »Schatz, ist irgendwas? Stimmt irgendwas nicht?«

Und dann lassen Sie »Schatz« systematisch auflaufen: »Nein, Schatz, es ist alles in Ordnung«, sagen Sie dann mit reservierter Stimme, mit Distanz und Zurückhaltung, sodass »Schatz« genau weiß, dass gar nichts in Ordnung ist!

Und dann wird Ihr Partner, der den Zustand kaum aushalten kann, fordernder: »Ich sehe doch, dass was nicht stimmt! Was habe ich dir getan?«

Und Sie bleiben bei dem bewährten Vorgehen: »Nichts, Schatz. Es ist alles in Ordnung.« Natürlich lächeln Sie *nicht*, was Sie aber täten, wäre *wirklich* alles in Ordnung.

Aber Vorsicht: Überziehen Sie es nicht! Denn »Schatz« wird mit hoher Wahrscheinlichkeit irgendwann ärgerlich.

Aber vorher wird sein schlechtes Gewissen ansteigen: Und genau das Maximum dessen (vor dem Umschlag in den Ärger!) müssen Sie abpassen. Und dann müssen Sie ihm sagen, was Sie stört, denn dann wird er aufgrund seiner Schuldgefühle für Ihre Attacke maximal empfänglich sein. Also sollten Sie die Gelegenheit nutzen, ihm einige »Vorschläge« darüber zu machen, was er in Zukunft anders machen kann.

EIN TOXISCHES SPIEL: NÖRGELN

»Nörgeln« bedeutet, dass man den Partner nicht offen, nicht transparent kritisiert: Man setzt sich *nicht* mit dem Partner zusammen, macht deutlich, was einen stört und handelt *nicht* Kompromisse aus.

Wollen Sie also damit Effekte erzielen, dann sollten Sie nach der Devise handeln: Steter Tropfen höhlt den Partner!

Also nörgeln Sie bei jeder passenden Gelegenheit. Ihr Partner hat den Müll nicht rausgebracht, also sagen Sie: »Du hättest ja auch mal den Müll rausbringen können.«

Ihr Partner hat den Tisch nicht abgeräumt, also äußern Sie: »Ich hatte dich doch gebeten, den Tisch abzuräumen.«

Ihr Partner hat schon wieder die Schuhe nicht in den Schrank gestellt, also kommentieren Sie, eher beiläufig: »Deine Schuhe waren schon wieder nicht im Schrank.«

Der Witz an dieser Aktion ist nicht, dass Sie mit Ihren Aussagen nicht Recht hätten: Es stimmt alles, Sie haben in jedem Einzelfall die Realität gut beschrieben.

Der Witz an der Sache ist vielmehr, dass Sie nicht deutlich machen, dass Sie etwas stört, dass Sie es thematisieren wollen und dass Sie mit Ihrem Partner zusammen überlegen wollen, wie Sie zu einer Übereinkunft gelangen könnten. Anstatt zu verhandeln, entscheiden Sie sich für die Methode der Giftpfeile!

In jedem Einzelfall wird das Ihren Partner pieksen: Er wird ein schlechtes Gewissen bekommen und insofern geht Ihre Rechnung auf.

Aber Vorsicht: Die Giftpfeile verteilen nicht nur Gift in Ihrem Partner, Sie verteilen Gift in der Beziehung. Sie können die Dosis sehr schnell übertreiben und dann lösen Sie u. U. (sehr) heftigen Ärger beim Partner aus!

Wiederum gilt: In geringen Dosen ist die Strategie wirksam, in hohen Dosen ist sie *hochgradig* interaktionstoxisch!

4

EIN DURCHAUS ERNSTHAFTER FALL

Hier soll an einem kurzen, realen Fallbericht die Problematik geschildert werden, in die man sich als Histrionikerin bringen kann.

Ein Paar (Er, 37, Bankkaufmann; Sie, 32, Sekretärin, jetzt Hausfrau) meldet sich zur Paartherapie an.

Es wird jedoch sofort klar, dass er gar nicht an einer Paartherapie interessiert ist, sondern daran, »seine Frau zur Therapie abzugeben«.

Sie willigt ein, mit mir eine Einzeltherapie zu machen.

Sehr schnell wird eine ausgeprägte Histrionik deutlich.

Sie ist, nach der Aufgabe ihrer Stelle, im Wesentlichen allein, hat aber ein extremes Bedürfnis nach Signalen von Wichtigkeit.

Also hat sie sich angewöhnt, ihren Mann sechs- bis achtmal pro Tag in der Bank anzurufen, um zu hören, wie sehr er sie vermisst.

Da ihm das zu viel wurde, hat er ihr diese Anrufe untersagt.

Daraufhin begann sie, sich langsam zu Hause in Ängste hineinzusteigern, so lange, bis sie Panikanfälle bekam, in Kissen u. a. »Fratzen« sah, die bedrohlich waren usw.

Aufgrund dieser Problematik war sie nun leider »gezwungen«, ihn wieder in der Bank anzurufen. Das Ganze verschlimmerte sich so stark, dass er nun pro Tag zwei- bis dreimal veranlasst war, nach Hause zu fahren, um sie zu beruhigen.

Außerdem konnte sie das Haus nicht mehr allein verlassen, da sie »starke Angstanfälle« bekam; auf diese Weise musste er sie von nun an ständig begleiten.

Schließlich steigerte sie sich so stark in ihre Ängste, dass sie wohl tatsächlich Panikanfälle bei sich hervorrief, die äußerst unangenehm waren.

Um dem entgegenzuwirken begann sie, schon am Vormittag Sekt zu trinken, was natürlich gegen die Angst half.

Als der Mann dies entdeckte, war seine Geduld am Ende: Er veranlasste sie unter Druck, den Termin bei mir zu machen.

Nach längerer Phase der Beziehungsgestaltung war es möglich, mit ihr die eigentlichen »Probleme« herauszuarbeiten und sie erkannte, dass es ihr zentral um Wichtigkeit ging und dass sie angefangen hatte, ihren Mann stark zu manipulieren. Sie entwickelte Alternativen wie alte Freundschaften wiederzubeleben, offen mit ihrem Mann über Probleme und Bedürfnisse zu kommunizieren etc. Ohne Therapie hätte sich die Problematik wahrscheinlich stark verschlimmert und wäre durch eine Suchtproblematik noch komplizierter geworden.

5

DIE EXTREMFORM: ERFOLGLOSE HISTRIONIKER

Wenn Sie sich, was Sie auf jeden Fall sollten, manipulative Strategien aneignen, dann sollten Sie mit einfachen Varianten beginnen und sich langsam an immer kompliziertere Strategien herantasten. Und denken Sie daran: Training ist notwendig, denn Sie müssen diese Strategien im Schlaf beherrschen, damit Sie sie im Ernstfall mühelos und ohne jede Anstrengung realisieren können.

Und wenn Sie *erfolgreich* werden wollen, dann sollten Sie lernen zu manipulieren, ohne den Partner groß zu verärgern. Das können Sie am besten dadurch erreichen, dass Sie überwiegend *positive Strategien* realisieren, und diese auch immer nur so dosiert, dass der Partner nie wirklich unzufrieden wird!

Aber: Wie wir gesehen haben, können Partner positive Strategien auch ignorieren. Sie funktionieren also nicht immer zuverlässig.

Daher ist es erforderlich, dass Sie, wenn Sie wirklich erfolgreich manipulieren wollen, *immer auch über einige negative Strategien verfügen:* Für den Notfall, falls die positiven Strategien mal versagen sollten.

In der Regel werden Sie es durch gute Strategien hinkriegen, auf Feten die Aufmerksamkeit aller auf sich zu ziehen. Aber es kann mal sein, dass eine andere Histrionikerin anwesend ist, die noch geschickter darin ist, sich selbst darzustellen.

Dann wäre es z. B. gut, Sie würden auch über den Herz-Joker verfügen (wirklich nur für den Notfall): Also fassen Sie sich, während Ihre Konkurrentin ihre Performance abspult, ans Herz, stöhnen leise vor sich hin, natürlich sichtlich darum bemüht, Fassung zu bewahren. Aber leider wird der Schmerz immer schlimmer und Sie können schließlich nicht mehr stehen und bitten Ihren Nachbarn um einen Stuhl. Spätestens jetzt werden alle aufmerksam und alle achten auf Sie (und keiner mehr auf Ihre Konkurrentin).

Eine eilig genommene Nitro-Tablette (Vorsicht: Eine Überdosis führt zu Migräne-Attacken!) bringt schnell Besserung und Sie entschuldigen sich für die Unterbrechung. Nun haben Sie die Aufmerksamkeit aller und können Ihrerseits mit Ihrer Performance beginnen.

Sie sehen also, wie hilfreich es sein kann, positive und negative Strategien zu kombinieren.

Sollten Sie mit den negativen Strategien übertreiben, dann können Sie sich ein massives Problem schaffen: Sie können zu einer *erfolglosen Histrionikerin* werden!

Denn wenn Sie überwiegend oder ausschließlich negative Strategien verwenden, gehen Sie allen nur noch auf die Nerven: Sie jammern, Sie klagen, Sie betonen, wie schlimm, hoffnungslos, furchtbar alles ist, Sie erzählen allen, die es nicht hören wollen, welche Symptome Sie haben, wie Sie (erfolglos) dagegen ankämpfen etc.

Sie beklagen sich darüber, dass man Sie ignoriert, sich nicht kümmert, Ihnen nicht hilft und Sie üben hohen Druck auf alle aus, sich doch nun endlich für Sie aufzuopfern.

Und eine Zeit lang werden solche Strategien wohl auch funktionieren; nur irgendwann haben Interaktionspartner davon die Nase voll: Sie wollen das alles nicht mehr hören.

Und dann ist es wichtig, *dass Sie das bemerken!*

Wenn es soweit ist, müssen Sie mit diesem Verhalten nicht nur aufhören: Sie müssen vielmehr auch den anderen etwas geben, *ihnen* zuhören, ihnen Aufmerksamkeit geben, ihnen Verständnis entgegenbringen! Denn sonst werden sich alle schnell ausgebeutet fühlen, eingespannt, ausgenutzt, manipuliert.

Und das lässt auf die Dauer keiner mit sich machen.

Was aber leider häufig passiert ist, dass die Person *nicht* rechtzeitig mit der Strategie aufhört, sondern *mehr desselben macht:* Nach dem Motto, der andere reagiert nicht mehr, also muss ich noch mehr jammern und klagen.

Die Konsequenz ist dann aber ziemlich unausweichlich: Alle werden Sie meiden wie einen Ebola-Infizierten! Keiner hat Lust, sich das ganze negative Zeug anzuhören und vor allem hat keiner Lust, sich einspannen zu lassen.

Daher sollten Sie eine solche Entwicklung vermeiden. Nutzen Sie durchaus negative Strategien, aber tun Sie es vorsichtig, sehr dosiert und immer nur für kurze Zeit. Ansonsten laufen Sie Gefahr, das genaue Gegenteil von dem zu erreichen, was Sie wollen: Statt Aufmerksamkeit zu erlangen, werden Sie gemieden; statt wichtig zu sein, werden Sie lästig; statt dass man sich um Sie kümmert, lässt man Sie links liegen!

Solche ungünstigen Entwicklungen passieren leider immer wieder und Personen, die einen solchen Weg einmal eingeschlagen haben, sind meist nur noch schwer davon abzubringen!

6

NUR ACTION BRINGT SATISFACTION

Wenn Sie eine fortgeschrittene Histrionikerin sein wollen, dann sind Sie auf Dramatik aus und Sie sind darauf aus, dass andere Sie beachten, Ihnen Aufmerksamkeit geben.

Das klappt aber psychologisch gesehen nur dann, *wenn immer etwas passiert:* Denn wenn nichts passiert, nichts Neues oder Aufregendes geschieht, wird sich die Aufmerksamkeit anderer notwendigerweise auf andere Aspekte richten. Aus diesem Grunde sind Sie stark darauf aus, dass ständig etwas passiert, dass Sie ständig etwas tun, dass alles in Bewegung bleibt. Daher ist es für Sie von großer Bedeutung, dass immer Action ist. Denn die Aufmerksamkeit anderer hat den großen Nachteil, flüchtig zu sein; sie muss immer von Neuem gefesselt werden.

Aber es gibt noch einen anderen wichtigen Grund dafür, dass Sie Action brauchen: Als Histrionikerin konzentrieren Sie sich darauf, für andere wichtig zu sein; Sie fokalisieren darauf, von anderen Aufmerksamkeit zu bekommen; Sie überprüfen, ob sich Interaktionspartner tatsächlich so verhalten, wie Sie das von ihnen erwarten. Dadurch sind Sie aber gezwungen, Ihre Aufmerksamkeit immer *nach außen* zu lenken, auf andere, auf deren Verhalten; und dadurch kommen Sie kaum dazu, die Aufmerksamkeit auch einmal nach innen zu lenken: Auf sich selbst, darauf, was Sie gerne hätten, was Sie brauchen und wollen, darauf, wie es Ihnen geht.

Sie kommen daher gar nicht dazu, sich zu fragen, was Sie noch möchten außer Aufmerksamkeit, zu untersuchen, was Ihnen guttut, welche Ziele Sie haben. Sich selbst zu fragen, was Sie stört, was Sie gerne (langfristig) anders haben möchten.

Sie sind derart mit anderen und Ihrer Wirkung auf sie beschäftigt, dass Sie sich so gut wie gar nicht mit sich selbst beschäftigen.

Wenn Sie aber dadurch kaum auf sich selbst achten, dann vernachlässigen Sie einige wichtige Dinge und das hat durchaus gravierende Konsequenzen:

- Da Sie sich nie systematisch fragen, was Ihnen im Leben noch wichtig ist, was Sie möchten, was Ihnen guttut, wissen Sie kaum etwas über Ihre wirklichen Motive und Ziele. Das Einzige, was Sie wissen, ist, dass Sie für andere wichtig sein und ihre Aufmerksamkeit bekommen wollen. Eine gute Vorstellung von anderen Motiven und Zielen, die Sie aber auch haben, entwickeln Sie gar nicht. Ganz sicher aber haben Sie noch andere Bedürfnisse: Vielleicht sehnen Sie sich nach Geborgenheit, Sicherheit, Solidarität; vielleicht brauchen Sie auch Anerkennung für Ihre Leistungen und Fähigkeiten. Jeder Mensch hat eine *Fülle* von Zielen, die er im Grunde realisiert oder erfüllt haben möchte.

- Da Sie nicht wissen, welche Wünsche Sie noch haben, was Ihnen noch bedeutsam ist, z. B. bei der Arbeit, in Beziehungen, in der Freizeit etc., *können Sie auch nicht gezielt etwas tun, um diese Wünsche zu befriedigen.* Damit bleiben aber viele Ziele und Motive völlig unbefriedigt und dies erzeugt ein Gefühl von Unzufriedenheit (ob Sie das nun wollen oder nicht). Und: Ein Gefühl von Unzufriedenheit hat psychologisch die Tendenz, langsam aber stetig anzuwachsen (wenn man nichts tut, um es zu reduzieren.
- Außerdem entwickeln Sie auch kein gutes Gespür dafür, was Sie *nicht* wollen, was Sie stört oder was Sie vermeiden möchten. Deshalb lassen Sie sich auf Beziehungen ein, die Ihnen nicht wirklich gut tun, Sie treffen Entscheidungen, die Sie nicht glücklich machen usw.

  Alles das trägt ebenfalls zu Ihrer Unzufriedenheit bei.
- Unzufriedenheit kann man aber nur dann effektiv beseitigen, wenn man sich damit befasst: Wenn man sich Zeit nimmt, sie wahrzunehmen, wenn man ihr auf die Spur geht, ihre Ursachen erkennt und so handelt, dass man sie wirklich beseitigen kann.

Als Histrionikerin nehmen Sie sich aber nie die Zeit und Sie haben in der Analyse solcher Prozesse auch keinerlei Übung.

Damit wird es Ihnen also mit hoher Wahrscheinlichkeit auch nicht gelingen, die Unzufriedenheit effektiv aufzuheben. Also ist es sehr wahrscheinlich, dass sie über die Zeit immer mehr zunimmt.

- Da Sie Ihre Aufmerksamkeit nicht auf Ihre Unzufriedenheit lenken, nehmen Sie diese auch nie deutlich wahr und können Sie auch nicht klären. Aber diffus spüren Sie Ihre Unzufriedenheit, denn sie lässt sich nicht beseitigen.
- Also werden Sie auf die Unzufriedenheit, die Sie diffus spüren, mit *Action* reagieren: Sie werden versuchen, *sie loszuwerden*, indem Sie sich ablenken, erneut Aufmerksamkeit auf sich ziehen und alles tun, was Sie gut können.
- Damit wird es Ihnen ziemlich sicher gelingen, die Unzufriedenheit *immer wieder zu überspielen*, sie für eine gewisse Zeit nicht mehr wahrzunehmen. Auf diese Weise können Sie aber die Unzufriedenheit nie wirklich beseitigen. Sie sind vielmehr darauf angewiesen, immer erneut *Action* zu machen, um Ihren Zustand zu regulieren.

Und noch etwas anderes wird passieren: Da Sie sich nie wirklich ausgiebig mit sich selbst befassen, entwickeln Sie kaum eigene Fantasie. Sie entwickeln keine Strategien, sich selbst zu unterhalten, allein sein zu überbrücken, sich selbst in einen positiven Zustand zu versetzen.

Eine unmittelbare Folge davon ist, dass Sie *allein sein kaum ertragen können:* Sie finden es extrem langweilig, allein zu sein, es ödet Sie massiv an!

Und Sie versuchen, den Zustand des Alleinseins zu vermeiden, indem Sie *Action* machen: Leute treffen, Party machen, etwas in Bewegung setzen etc.!

Und: Indem Sie immer wieder das Alleinsein vermeiden, indem Sie sich nie mit unangenehmen inneren Zuständen konfrontieren, lernen Sie auch nie, damit umzugehen. Sie tun alles, um den Zustand, so wie er ist, zu stabilisieren.

Wenn Ihnen das gelingt, dann haben Sie tatsächlich die nächste Stufe zur Histrionikerin erreicht!

Nun könnten Sie einwenden, das Problem wäre doch zu lösen, indem Sie einmal innehielten und versuchen würden herauszufinden, was Ihnen noch wichtig ist: was Sie in Beziehungen wirklich brauchen und wollen, was Sie stört und was Sie ändern wollen.

Und wiederum haben Sie völlig Recht: Ein solches Vorgehen wäre zwar schwierig, weil Sie keine Übung darin haben, aber Sie könnten sich im Prinzip Hilfe holen. Und es würde Ihnen vieles deutlich machen und zu Veränderungen führen.

Aber: Es würde natürlich auch dazu führen, dass Sie nicht mehr ungebremst histrionisch sein könnten! Und das wäre wirklich ein Jammer. Denn alle Mühe, die Sie sich bis jetzt gegeben haben, um eine Expertin zu werden, alle Fortschritte, die Sie bis jetzt gemacht haben, wären dahin.

Das werden Sie nicht im Ernst wollen!

7

EINE BESONDERE FÄHIGKEIT: HOCHSCHAUKELUNG

Um eine wirklich fortgeschrittene Histrionikerin zu sein, sollten Sie noch eine besondere Fähigkeit entwickeln: die Fähigkeit, sich in etwas hineinzusteigern, etwas zu übersteigern, zu katastrophisieren o. a.

Als Histrionikerin sollten Sie über die elementare Fähigkeit verfügen, nicht nur aus einer Mücke einen Elefanten zu machen, sondern aus einem Bakterium einen Dinosaurier!

Diese Fähigkeit ist natürlich nur die »innere Seite der Dramatik«: Anstatt eine Darstellung zu dramatisieren, dramatisieren Sie nun Inhalte für sich selbst!

Um das zu können, müssen Sie zwei elementare Dinge tun:

1. Sie müssen Ihre Aufmerksamkeit voll auf einen Inhalt richten und lange auf diesem Inhalt halten.
2. Sie müssen diesen Inhalt *verstärken*, ausschmücken, »ausfantasieren«: Sie müssen sozusagen alle möglichen Konsequenzen »zu Ende denken«. Und mit

etwas Übung schaffen Sie das effektiv und vor allem *schnell!*

Das bedeutet: Wenn Sie sich auf einen Inhalt konzentrieren, z. B. auf etwas, das gerade schief gegangen ist, dann lassen Sie sich durch nichts und niemanden davon ablenken. Auch, wenn es gar nicht so wichtig ist und wenn andere Dinge eigentlich Priorität hätten: Für *Sie* ist es wichtig und zwar jetzt! Und andere Dinge können warten, bis Sie mit dem hier fertig sind.

Und: Sie dürfen sich auf keinen Fall beruhigen oder besänftigen lassen!

Sollten Sie auf die (absurde!) Idee kommen, alles sei doch nicht so schlimm: Vergessen Sie's!

Sollten Sie erkennen, dass Sie alles wieder in Ordnung bringen könnten: Ignorieren Sie's!

Sollte Ihr Partner versuchen, Sie »runterzuregeln« und Ihnen klarzumachen, dass er das Problem schon für Sie lösen wird: Betrachten Sie es als Einmischung und Bevormundung! Es *ist* schlimm und Sie *wollen* sich jetzt, zum Teufel nochmal, aufregen!

Das können Sie natürlich auch mit positiven Inhalten. Lernen Sie eine neue Bekannte auf einer Fete kennen, dann denken Sie intensiv darüber nach: Und Sie machen sich deutlich, wie extrem nett sie war, wie extrem sympathisch, wie extrem vertrauensvoll etc. Und dann wird aus einer flüchtigen Bekannten eine gute, intime Freundin, mit der Sie Ihr Leben teilen möchten.

Rational spricht natürlich nichts für eine solche

Schlussfolgerung, aber wir haben ja schon gesehen, dass Sie sich von solchen kleinlichen Realitätsaspekten nicht irritieren lassen sollten. Realität ist das, was Sie daraus machen!

Wirklich schön wird es, wenn sich Ihre Hochschaukelung auf Romantik bezieht. Ihr Partner führt Sie in ein wirklich nettes Lokal. Die Kerzen auf dem Tisch funkeln, Ihr Partner ist ganz zauberhaft, es ist wie im Märchen. Die Musik spielt wundervoll, der Kellner ist zuvorkommend, Ihr Partner bemüht sich um Sie, schenkt Ihnen Aufmerksamkeit, ist charmant, ein Prinz. Das Essen ist köstlich und dann überreicht Ihnen Ihr Prinz den Ring! Ein unvergleichlicher Augenblick, den Sie nie im Leben vergessen werden! Sie wussten es: Er ist die Liebe Ihres Lebens! Sie werden ihn immer lieben, komme was da wolle! Dies ist absolut der schönste Augenblick Ihres Lebens! Er sollte ewig andauern, er wird Ihnen ewig im Gedächtnis bleiben!

Ist das nicht toll? Wir sollten hier nun wirklich in Andacht verharren und den Augenblick nicht durch profane Realitätsüberlegungen trüben.

Viel interessanter ist der Prozess der Hochschaukelung aber mit *negativen Inhalten:* Ein Verkäufer hat Sie unfreundlich behandelt und Sie machen sich deutlich, *wie* unfreundlich er tatsächlich war, was Sie alles von ihm erwartet und nicht bekommen haben; eigentlich war sein Verhalten eine Unverschämtheit, eine Frechheit, Sie sollten sich massiv beschweren. Zumindest sollten Sie die Gelegenheit nutzen, sich bei Ihrer

Freundin darüber wortreich und dramatisch zu beklagen.

Ärger, das wird Ihnen zweifellos schnell klar, lässt sich trefflich aufschaukeln: Sie müssen sich eigentlich nur auf die Aspekte konzentrieren, die andere Ihnen angetan haben, sich deutlich machen, in welchem extremen Ausmaß das Ihre Wünsche und Rechte ignoriert und sabotiert, wie unverschämt das alles im Grunde ist!

Und natürlich müssen Sie Nebensächlichkeiten ignorieren, wie z. B. die Tatsache, dass der andere es nicht absichtlich getan hat, dass ihm ein Fehler unterlaufen ist oder er vielleicht einfach etwas vergessen hat; denken Sie einfach: Wenn ich ihm wichtig wäre, dann würde er sich bemühen und dann würde ihm das alles gar nicht passieren! Und schon klappts mit dem Ärger.

Wir haben ja schon gesehen, dass Sie Ärger auch schnell hochschauekln können, wenn der Anlass eigentlich minimal ist: Ihr Partner kommt fünf Minuten zu spät mit Ihrem Drink zurück und Sie können es als Lapalie abtun oder ihm seine Aktion nachsehen, aber Sie *entscheiden* sich dafür, es nicht zu tun. Vielmehr machen Sie sich klar, dass ein solches Handeln überhaupt nicht geht; wenn Sie das durchgehen lassen, tanzt er Ihnen auf der Nase rum! Also versetzen Sie sich innerhalb von Sekunden in einen Zustand von Ärger. Und das ist auch wichtig: Schließlich darf der Ärger nicht gespielt wirken, er muss echt sein. Aber, nichts leichter als das!

Wichtig ist diese Fähigkeit auch und besonders bei der Hochschaukelung von Ängsten. Anstatt darüber nachzudenken, wie Sie die Gefahr bewältigen könnten, sollten Sie darüber nachdenken, *wie* gefährlich die Gefahr ist: Jemand hat Sie beim Autofahren geschnitten; er hätte Sie voll erwischen können! Sie hätten sich überschlagen können, sie hätten gefährlich verletzt werden können! Und wiederum machen Sie sich klar, wie extrem unverfroren, rücksichtslos und allgemeingefährlich das Verhalten war. Und natürlich haben Sie jedes Recht der Welt, sich darüber lautstark und wortreich zu beklagen!

Und Sie können in den Katastrophen auch noch eine Runde weitergehen: Sie könnten jetzt querschnittsgelähmt sein, im Rollstuhl sitzen; Ihr Mann könnte Sie dann verlassen und Sie könnten dann elend und allein vor sich hin vegetieren! Und je länger und intensiver Sie sich diese Szenarien ausmalen, deso besser wird es!

Und das alles hat Ihnen der Andere quasi jetzt schon angetan. Denn Sie glauben natürlich an Murphys Gesetz: Was passieren kann, wird ganz sicher irgendwann *Ihnen* passieren!

Auch bei Krankheiten ist dieser Mechanismus günstig: Sie haben ein Geschwür im Nacken; natürlich wird es Krebs sein, natürlich wird er metastasieren, nein, das ist er schon!

Eine Operation wird nichts bringen, eine Chemotherapie wird erforderlich sein, mit allen unangenehmen Nebenwirkungen.

Ihnen werden die Haare ausfallen, Sie werden komplett Ihre Attraktivität verlieren, alle werden Sie im Stich lassen, das Leben macht keinen Sinn mehr.

Sie sehen: Mit etwas Übung machen Sie aus jedem Pickel eine ultimative Katastrophe! Wirklich, das ist nicht so schwierig, *man muss sich nur dafür entscheiden*, es zu tun und man muss sich dafür entscheiden, alle alternativen Interpretationen abzuschalten!

Klar: Sie müssen solche Hochschaukelungen natürlich nicht nur für sich allein, im stillen Kämmerlein realisieren. Natürlich macht es viel mehr Sinn (und viel mehr Spaß), die Vorstellungen mit anderen zu teilen: um zu zeigen, wie schlecht es einem geht, in welch einem desolaten Zustand man ist; und um damit unmissverständlich zu demonstrieren, wie viel Aufmerksamkeit, Hilfe, Unterstützung, Zuspruch etc. man nun braucht, verzeihen Sie, *Sie* nun brauchen! Denn Sie sind ja nun zweifellos großen Gefahren ausgesetzt und jeder muss sofort einsehen, wie extrem ausgeliefert, hilflos und verzweifelt Sie sich fühlen müssen. Die anderen werden sofort einsehen, dass Sie sich kümmern *müssen*, wenn sie nicht als vollkommen herzlos, ja geradezu psychopathisch gelten wollen!

Sicher, bei Angst sind diese Prozesse sehr wirksam, aber bei keinem anderen Aspekt sind diese Vorgehensweisen so effektiv wie bei *Schmerz*.

Ohne jeden Zweifel verstärkt jede Zuwendung von Aufmerksamkeit auf Schmerz diesen sehr deutlich: Nimmt man den Schmerz ins Zentrum des Bewusstseins, verstärkt dies die Wahrnehmung des Schmerzes.

Und wenn man sich *dann* noch ausmalt, *wie schlimm* der Schmerz ist, auf welche zerstörerischen und furchtbaren Prozesse der Schmerz hinweist, dann verstärkt man den Schmerz noch deutlicher: *Kein Mechanismus verstärkt den Schmerz so effektiv wie Katastrophisierung!*

Sie können dies leicht bei sich selbst ausprobieren: Schneiden Sie sich in den Finger, verbinden Sie die Wunde und kümmern Sie sich nicht mehr darum, dann nehmen Sie den Schmerz nach kurzer Zeit nicht mehr wahr. Sobald Sie wieder darauf achten, ist er wieder da, aber ansonsten schalten Sie den Schmerz in den Hintergrund; er ist okay, darf so sein, spielt aber keine wesentliche Rolle.

Konzentrieren Sie sich aber auf die Verletzung und denken: »Wie furchtbar! Die Wunde wird sich entzünden! Der Finger wird abfaulen! Ich werde zum Krüppel!«, dann wird der Schmerz unerträglich.

Und genauso können Sie dann auch mit allen Reaktionen Ihres Körpers umgehen, die auffällig sind. Der Körper ist kein Roboter; mal schlägt das Herz schneller und es gibt ab und zu mal Extrasystolen; die Verdauung ist gelegentlich mal problematisch, der Bauch bläht sich, man hat Verstopfungen; der Rücken tut einem mal weh und man verstaucht sich mal den Fuß. Man hat gelegentlich mal Kopfschmerzen, fühlt sich schlapp und unwohl.

Alle diese Prozesse sind völlig normal; sie liegen absolut im Rahmen eines alltäglichen Funktionierens. Man nimmt sie zur Kenntnis, stellt sich darauf ein, ohne sich darüber große Gedanken zu machen und in aller Regel gibt es sich dann von selbst wieder. Man sollte solche Prozesse wahrnehmen, um angemessen zu handeln (z.B. den Rücken etwas schonen oder, wenn es wirklich nicht besser wird, einen Arzt konsultieren), aber man sollte dem Ganzen nicht zu viel Gewicht geben und sich nicht total schonen. Und vor allem sollte man nicht sofort Großalarm geben!

Aber so zu handeln, ist für einen echten Histrioniker ja völlig langweilig: Dann verpasst man ja exquisite Möglichkeiten der Dramatisierung!

Denn jede noch so kleine Abweichung von einer (fiktiven!) Norm kann man zum Anlass nehmen,

- sofort die volle Aufmerksamkeit darauf zu lenken und damit die Abweichung genauestens zu erleben und damit mit hoher Wahrscheinlichkeit zu verstärken;
- sofort zu katastrophisieren und damit das vegetative Nervensystem voll aufzudrehen;
- was nicht nur die Abweichung verstärkt, sondern im ganzen Körper zu weiteren »Abweichungen« führt, mit denen man dann genauso umgehen kann.

Auf diese Weise kann man dann alle möglichen Körpersymptome erzeugen: Darmprobleme, Herzprobleme,

Schmerzen, Verspannungen etc.. Mit etwas Übung schaffen Sie es, eine sogenannte Somatisierungsstörung zu erzeugen. In diesem Fall entwickeln Sie (mindestens) dreizehn (!) unterschiedliche Symptome, die auch nicht stabil bleiben: Sie können dann flexibel auch Rückenschmerzen gegen Darmprobleme tauschen, Hauptsache, die Gesamtbilanz stimmt.

Sie können durch systematische Hochschaukelungen aber auch einen »Ganz-Körper-Schmerz« entwickeln: Natürlich ist das die Spitze der Hierarchie, mehr geht nicht.

Hier sind die Risiken und Nebenwirkungen wirklich gewaltig!

Man könnte Yoda zitieren: »Begibst du dich auf diesen Pfad einmal, für immer wird davon bestimmt dein Schicksal.« Oder, wenn Ihnen Goethe lieber ist: »Die Geister, die ich rief, werde ich nicht mehr los!«

Den Weg zu gehen ist verführerisch und zuerst kann man seine gesamte Umwelt damit aktivieren. Aber es hat fatale Nebenwirkungen, denn der Körper tut dann *tatsächlich* weh und man befindet sich nach einiger Zeit *tatsächlich* in einem desolaten Zustand und dann hört das Ganze auf, interessant zu sein: Es wird zu einer *echten* Belastung!

Aber es ist auch ein Teufelskreis: Hat man einmal angefangen zu katastrophisieren, bestätigen von nun an alle Interpretationen die negativen Annahmen und die Tatsache, dass der Körper nun Fehlfunktionen zeigt, ist subjektiv ein unschlagbarer Beweis dafür, dass *wirklich* etwas nicht stimmt! Daher muss man immer bedenken: Es ist relativ leicht, sich selbst in einen solchen Zustand zu bringen, aber *extrem* schwierig, daraus wieder zu entkommen! Denn solche Prozesse hat man leider nicht lange selbst unter Kontrolle: Sie übernehmen nämlich irgendwann das Steuer.

Sie könnten sich deshalb fragen, warum Sie sich solche Mühsal antun sollten. Die Symptome sind nicht angenehm, die Schmerzen spüren Sie tatsächlich, also: Wozu soll das gut sein?

Nun, wenn Sie die Symptome gut nutzen *und wenn Sie es schaffen, es nicht zu übertreiben*, dann werden Ihnen die Vorteile sofort einleuchten:

- Zunächst einmal erzeugen Sie damit intern ein hohes Ausmaß an *Dramatik*. Alles ist immer schlimm und damit ist immer was los: Wenn es Ihr Ziel ist, dass Ihr Leben nie langweilig sein soll, haben Sie dieses nun fast erreicht! Es gibt immer neue Anlässe für Sorgen, immer neue Aspekte, um die man sich kümmern muss.
- Sie können die Symptome zum Anlass nehmen, ständig Ärzte aufzusuchen, Ihr Leiden darzustellen und die Ärzte dazu veranlassen, Ihnen volle Aufmerksamkeit zu schenken, sich zu kümmern, neue Untersuchungen zu initiieren etc.
  Dadurch sind Sie extrem wichtig, andere bemühen sich in einer Weise, wie man sie im Alltag nur schwer erreichen kann.

Die Ärzte glauben natürlich nach einiger Zeit, dass Sie dramatisieren und dass Ihrem Körper nichts fehlt, aber der Arzt ist in einem Dilemma: Er kann es sich nicht leisten, etwas zu übersehen oder Sie nicht zu behandeln. Also wird er, schon aus Sicherheitsgründen, immer wieder neue diagnostische Prozeduren ansetzen.
Und Sie können diese immer wieder im Sinne Ihrer Befürchtungen interpretieren: »Der Arzt ist sich doch nicht sicher! Er glaubt auch, dass irgendetwas mit meinem Körper nicht stimmt! Er findet aber nichts, obwohl er sich so bemüht! Ich muss etwas ganz Seltenes oder ganz Gefährliches haben!«
Und so führen alle medizinischen Maßnahmen, die keine Befunde erbringen, zu einer *Verschlimmerung* des Zustandes. Bitte, besser kann es doch gar nicht laufen! Sie haben nichts, aber das ist überhaupt nicht mehr beweisbar. Alles, was geschieht, können Sie im Rahmen Ihrer Annahmen interpretieren, das System ist nicht mehr falsifizierbar! Wirklich: Wann kriegt man schon mal so etwas hin?

- Aber Sie können auch allen Freunden, Bekannten, Kollegen etc. von Ihren Symptomen berichten und auch sie veranlassen, Ihnen Aufmerksamkeit zu geben und sich zu kümmern.
  Aber Vorsicht: Das sind *negative Strategien*; wenn Sie das übertreiben, haben Sie bald keine Freunde mehr! (Aber keine Panik: Die Ärzte bleiben Ihnen immer noch, denn die können die Beziehung nicht kündigen!)

8

GEHEN SIE AFFÄREN EIN!

Als wirklich fortgeschrittene Histrionikerin sollten Sie aber noch einen Schritt weitergehen: Sie sollten sich auf Affären einlassen! Denn bei allem, was Sie bisher erreicht haben – was schon sehr beträchtlich ist –, fehlt Ihnen bis jetzt doch eins: Der besondere *Kick* einer Außenbeziehung.

Als echte Histrionikerin wollen Sie Aufmerksamkeit. Sie wollen, dass ein Interaktionspartner Sie beachtet, Sie ernst nimmt, sich darum bemüht, Sie zu verstehen. Und Sie wollen, dass Sie die Wichtigste für ihn sind, dass er Sie »vergöttert«, Sie anbetet und vor allem: *Dass er keine anderen Göttinnen neben Ihnen hat!*

Natürlich tun Sie selbst viel dafür, um solche Signale zu erhalten (siehe »positive Strategien«).

Und wenn Sie solche Signale erhalten, »fahren Sie voll darauf ab«!

Gibt Ihnen ein Mann solche Signale, vergöttert er Sie, geht er hohe Risiken für Sie ein, setzt er seine (bisherige) Beziehung aufs Spiel, um Sie zu treffen, dann sollten Sie nicht lange zögern: Lassen Sie sich auf eine Affäre ein!

Nach allem, was man heute weiß, führt eine neue

Beziehung zu einem Hormonschub, der alles, was in der neuen Beziehung passiert, außergewöhnlich, leidenschaftlich, aufregend, herausfordernd erscheinen lässt. Man wird glücklich, ausgefüllt, schwebt 15 Zentimeter über dem Boden. (Das ist toll, doch im Grunde ist man in diesem Zustand vollkommen unzurechnungsfähig.)

Nach ca. einem Jahr nimmt der Hormonschub ab und man kehrt auf den Boden der Realität zurück.

Auch dann kann man natürlich noch eine gute Beziehung führen, man kann Zufriedenheit erreichen und sich der Verfolgung wichtiger Lebensziele widmen.

Aber bitte: Damit müssten Sie auf die ganze Aufregung verzichten, die mit neuen Beziehungen verbunden ist und das werden Sie als echte Histrionikerin auf keinen Fall wollen!

Aber auf die Sicherheit und Geborgenheit Ihres Partners wollen Sie natürlich auch nicht verzichten.

Also bleibt Ihnen logischerweise nur eine Möglichkeit: Sie führen die Beziehung zu Ihrem Partner weiter und nehmen sich von Zeit zu Zeit eine Affäre.

Aber es ist immer klar: Die Affäre ist eine Ergänzung zu Ihrer Beziehung, sie ist nie eine wirkliche Alternative. Sie stellt damit Ihre Beziehung zu Ihrem Partner auch nie wirklich infrage. Und daher stellt sie auch nie ein ernstes Problem dar: Wenn man die Nachspeise genießt, bedeutet das ja schließlich auch nicht, dass man das Hauptgericht nicht mag, oder?

Und bitte tun Sie mir hier einen Gefallen: Ignorieren Sie um Gottes Willen die Tatsache, dass sich jede Affäre zu einer Alternative entwickeln kann und dass man das natürlich nie vorher sicher sagen kann. Im Grunde können wir nicht einmal unsere Emotionen des nächsten Tages vorhersehen, natürlich können wir nie voraussagen, wie wir langfristig auf Partner reagieren werden. Aber halten Sie es wie Sherley Bassey: »Love is a stranger, don't think of the danger, or the stranger is gone« (You only live twice).

Rein statistisch lassen sich Frauen mit einer histrionischen Akzentuierung sehr viel häufiger auf Affären ein als Frauen ohne eine solche Akzentuierung. Und Sie wollen hier doch wohl keine Außenseiterin sein!

Wenn z. B.

- ein Apotheker sich beim Nachtdienst von Ihnen verführen lässt, dann ist er bereit, für Sie alles aufs Spiel zu setzen. es wäre sträflich, ein solches exquisites Angebot auszuschlagen! (»Spüren Sie das: Es ist das Prickeln Ihres Lebens!«)
- ein Mann, der in einer Mühle wohnt, in der das Wohnzimmer im unteren und das Schlafzimmer im oberen Stockwerk liegt, Sie im Auto in die Mühle einschmuggelt, wartet, bis seine Frau oben im Bett ist, die Nacht mit Ihnen im Wohnzimmer mit Sex verbringt und Sie morgens wieder im Auto aus der Mühle herausschmuggelt, ist das eine filmreife Aktion und das tut er praktisch alles für Sie (dass er das nur im Wesentlichen für seinen eigenen Kick tut, sollten Sie dabei besser ignorieren). Also machen Sie das

natürlich mit, denn von der Erinnerung können Sie lange zehren!

- ein Mann Ihnen verspricht, Frau und Arbeitsstelle zu verlassen, um mit Ihnen nach Spanien zu ziehen und neu anzufangen (ist das sicher völliger Blödsinn, denn wenn er auch nur ansatzweise bei Verstand ist, wird er das nicht einmal in Erwägung ziehen, aber dennoch), wird Sie das komplett faszinieren und Sie werden ihm nicht mehr widerstehen können!

Und natürlich müssen Sie, psychologisch gesehen, davon ausgehen, dass ein Partner, mit dem Sie mehr als ein Jahr zusammen sind, Ihnen nicht mehr die gleiche Vergötterung angedeihen lassen wird wie am Anfang der Beziehung; Beziehungen gehen in einen Zustand der Routine über und das ist normalerweise auch gut so, denn damit lässt sich der Alltag gut meistern. Trotzdem kann eine Beziehung noch sehr gut und sehr harmonisch sein, nur wird sie nur noch selten prickeln: Aber genau *das* brauchen Sie: das »Prickeln des Lebens«, die besondere Aktion, das Gefühl, massiv geschätzt und leidenschaftlich gebraucht zu werden!

Und wenn Sie das bei Ihrem Partner nicht mehr bekommen können, dann muss eben eine Affäre her! Was aber *nicht* bedeutet, dass Sie die Sicherheit und Geborgenheit Ihres Partners nicht mehr brauchen: Daher stellt der Affären-Partner ja auch keine Alternative zu Ihrem primären Partner dar, sondern eine *Ergänzung.*

9

THE GRASS IS ALWAYS GREENER ON THE OTHER SIDE

Wenn Sie es wirklich bis an die Spitze der Histrioniker schaffen wollen, dann sollten Sie sich ein ganz spezielles Problem zulegen: eine Art von Unzufriedenheit auf sehr hohem Niveau!

Denn wenn Ihnen Wichtigkeit wichtig ist, dann wollen Sie natürlich, dass ein Partner sich kümmert, verlässlich ist, solidarisch ist: Er soll für Sie da sein, wenn Sie ihn brauchen, er soll sich kümmern, Ihnen Geborgenheit geben. Sie wollen sich mit ihm am Kaminfeuer wohl fühlen, sich ankuscheln, sich entspannen können.

In einer solchen Art von Beziehung fühlen Sie sich wertvoll, geschätzt, aufgehoben.

Nur leider haben Sie auch noch andere Bedürfnisse: Sie wollen Leidenschaft, wilden Sex, wollen begehrt sein, wollen nicht nur Kuscheln am Kamin, sondern Sex am Strand von Mallorca, wollen, dass Ihr Partner es riskiert, im Fahrstuhl Sex zu haben; Sie wollen das Außergewöhnliche, das Aufregende!

Diese beiden Bedürfnisse sind aber mit *einem* Partner nicht leicht zu vereinbaren. Das ist ja auch der Grund für Ihre Affären.

Nun könnten Sie ja beide Aspekte mit zwei Männern realisieren und beide genießen, alles zu seiner Zeit!

Aber wenn Sie wirklich sehr gut histrionisch sein wollen, *dann sollten Sie immer genau das wollen, was Sie zur Zeit nicht haben können:* Sitzen Sie mit Ihrem primären Partner am Kamin, dann sollten Sie sich danach sehnen, am Strand von Mallorca Sex mit Ihrem Latin Lover zu haben.

Und haben Sie »Sex on the beach«, dann sehnen Sie sich verzehrend danach, mit Ihrem Partner am Kamin zu kuscheln!

Eigentlich wollen Sie *alles* haben, immer und gleichzeitig! Da das nicht geht, leiden Sie darunter, dass Sie immer bestimmte Aspekte Ihres Lebens vermissen werden.

10

REALISIEREN SIE INTERAKTIONSTESTS

Als Histrionikerin tun Sie sehr viel dafür, für andere wichtig zu sein; aber leider haben Sie die hartnäckige Annahme, dass Sie im Grunde als Person nicht wichtig sind.

Daher freuen Sie sich zwar über jede Art von Wichtigkeitssignalen und über jede Art von Aufmerksamkeit, aber langfristig fällt es Ihnen trotzdem schwer, einem Partner wirklich zu vertrauen, denn Sie denken oft:

- Meint er das alles wirklich ernst?
- Meint er wirklich mich als Person?
- Tut er das alles wirklich, weil er es will?
- Oder will er mir nur einen Gefallen tun?
- Oder macht er alles nur, um von mir etwas zu bekommen?

Im Grunde *wollen* Sie gar nicht misstrauisch sein, aber da Sie diese grundlegenden Zweifel haben, überkommt es Sie oft und das Misstrauen kann nagen und Sie verunsichern.

Wenn Sie mal wieder ein solches Misstrauen spüren, dann können Sie durchaus etwas dagegen tun: Sie können Ihren Partner *testen*. Sie können ihn auf die Probe stellen, um festzustellen, ob er es wirklich ernst meint, ob er wirklich auf Ihrer Seite ist.

Dazu müssen Sie bewusst etwas tun, um ihn zu provozieren, um ihn zu ärgern, zu verunsichern, ihn anzugreifen: Wenn er wirklich auf Ihrer Seite ist und wenn Sie ihm wirklich wichtig sind, dann wird er freundlich und zugewandt bleiben, wird er verständnisvoll reagieren und sich bemühen, Ihr Vertrauen zu gewinnen.

Wenn Sie ihm aber nicht wichtig sind, er alles nur vorspielt, es nicht wirklich ernst meint, dann wird er in diesem Augenblick sein wahres Gesicht zeigen: Er wird ärgerlich reagieren, aggressiv zurückschlagen, kein Verständnis zeigen, beleidigt reagieren o. ä.

Daher kann ein solcher Test Ihnen Klarheit bringen: Sie tun etwas, womit er nicht rechnet, provozieren ihn aus heiterem Himmel: Bleibt er zugewandt, sagt Ihnen das, dass er alles ernst meint; reagiert er ärgerlich, wissen Sie, das alles gespielt ist.

Natürlich ist klar, dass Sie durch den Test den Partner gar nicht verärgern, verprellen, kritisieren o. a. wollen: Denn, was immer Sie sagen, Sie meinen es ja nicht wirklich so! Es geht ja nicht um die Inhalte, sondern um die Beziehung. Sie wollen im Grunde wissen, wie Ihr Partner auf der Beziehungsebene zu Ihnen steht.

Also machen Sie z. B. Folgendes: Sie sitzen am Sonntag mit Ihrem Partner beim Kaffee, alles ist harmonisch und okay. Und plötzlich sagen Sie: »Weißt du, ich glaube, du verstehst mich überhaupt nicht.«

Das meinen Sie eigentlich gar nicht. Im Grunde fühlen Sie sich vom Partner recht gut verstanden.

Sie wollen lediglich wissen, wie er damit umgeht: Bleibt er zugewandt oder wird er ärgerlich?

Reagiert er betroffen, versucht zu verstehen, was Sie meinen, macht er deutlich, dass er das alles so nicht sieht, bemüht er sich um Sie etc., dann hat er den Test bestanden: Sie können ihm ein Stück mehr vertrauen.

Reagiert er aber ärgerlich, wird er aggressiv, beschimpft er Sie, dann ist er durchgefallen: In kritischen Situationen ist er *nicht* auf Ihrer Seite und er ist auch nicht zugewandt und verständnisvoll.

Sie können natürlich auch andere Arten von (unberechtigten) Kritiken verwenden; nehmen Sie aber möglichst Inhalte, die ihn wirklich treffen, sonst wirkt es ja nicht provokativ!

Sie sollten aber wissen, dass solche Tests nicht wirklich zuverlässig sind: Manche Personen können auch Zugewandtheit spielen und manche reagieren allergisch und werden dadurch ärgerlich, obwohl sie alles sehr ernst meinen.

Tests sind daher weniger aussagekräftig, als man meinen könnte!

Und Tests sind gefährlich: Wenden Sie mehrere Tests an, dann können Sie damit auch eine Person verärgern, die tatsächlich sehr zugewandt ist und die ihre Signale wirklich ernst meint: Aber durch die ständige

Provokation kann es ihr irgendwann reichen. Und dann haben Sie eine sogenannte »selbsterfüllende Prophezeiung« produziert: Den Ärger, den Sie beim Partner »vorhergesagt« haben, haben Sie erst durch Ihre eigenen Aktionen herausbeschworen!

Daher sollten Sie auch mit Tests sparsam und dosiert umgehen. Verwenden Sie sie nur, wenn Sie selbst gar nicht mehr anders können, sie bei einer Person möglichst nie mehrmals und nur bei Personen, bei denen Sie annehmen, dass sie nicht allergisch darauf reagieren!

Beachten Sie diese Spielregeln nicht, dann kann der Test das Letzte sein, was Sie in dieser Beziehung tun: Und wenn der Partner die Beziehung beendet, dann können Sie nicht mehr klären, warum genau es schief gegangen ist.

11

DER HISTRIONIKER UND DER NARZISST: EINE UNTERSCHEIDUNG

Sie können einwenden, dass ein histrionischer Stil viel Ähnlichkeit hat mit einem narzisstischen – und haben Recht!

Und Sie können einwenden, dass beide Stile bei einer Person gleichzeitig wirksam sein können – und haben erneut Recht!

Dennoch kann man die beiden Stile unterscheiden, man muss aber sehen, dass in unserer Kultur beide Aspekte oft so stark durchmischt sind, dass einem manchmal die Unterscheidung schwerfallen kann; vor allem auch deshalb, weil häufig Personen beide Stile gleichzeitig aufweisen.

Einem Narzissten geht es primär um Anerkennung: Er will von anderen Personen gelobt und bewundert werden; er will von anderen positives Feedback über seine Person bekommen. An Informationen über seine Bedeutung für andere ist er weit weniger interessiert. Oder, anders gesagt: Der Narzisst interessiert sich vorrangig für sich selbst, nicht für Beziehungen!

Ein Histrioniker will aber gerade das: Er will Information darüber, ob er einer anderen Person wichtig ist, ob er in deren Leben eine zentrale Rolle spielt. Und er erkennt das vor allem daran, dass er Aufmerksamkeit erhält, dass er wahrgenommen, gesehen, gehört wird. An Feedback über seine Person ist er vergleichsweise wenig interessiert. Ein Histrioniker interessiert sich auch für sich selbst: Aber noch mehr interessiert er sich dafür, was er *anderen* bedeutet!

Ein Narzisst misst Erfolge daran, wie viel er leistet, wie viele Symbole von Leistungserfolg er sammeln kann: Preise, Auszeichnungen, teure Autos. Es ist das Spiel: »Mein Haus, mein Boot, mein Pferd.«

Einen Histrioniker interessiert das alles nur am Rande: Erfolg bemisst sich für ihn daran, wie viele Freunde und Bekannte er hat, wie oft er im Mittelpunkt steht, wie viel Aufmerksamkeit er auf sich zieht, wie groß das Interesse an ihm ist.

Narzissten und Histrioniker sind hoch manipulativ: Aber Narzissten spannen andere vor allem für die Erreichung beruflicher Ziele ein: Sie delegieren Aufgaben oder sorgen dafür, dass Partner »ihnen den Rücken freihalten«, damit sie sich um »das Wesentliche« kümmern können.

Histrioniker spannen andere für alles Mögliche ein, einschließlich dazu, sich ein Glas Sekt holen zu lassen, sich kraulen zu lassen oder anderen unliebsame Aufgaben zu übertragen.

Die zentrale Schwäche, die Narzissten kompensieren, ist die Annahme, als Person nicht okay, nicht kompetent, intelligent etc. zu sein: Daher ist ihre Hauptintention, Erfolg durch Leistung zu erbringen.

Die zentrale Schwäche, die Histrioniker kompensieren, ist die Annahme, für andere nicht wichtig zu sein: Daher ist ihre Hauptintention, über Aufmerksamkeit Signale von Wichtigkeit zu erlangen und zwar überall und zu jeder Zeit.

Beide sind hochgradig egozentrisch: Der Narzisst ist dabei das *Zentrum einer Welt*, die von Leistung, Anerkennung und Bewunderung geprägt ist. Einer Welt, in der der Narzisst »das Beste« sein will. Der Histrioniker ist dagegen das Zentrum einer Welt, die von Aufmerksamkeit geprägt ist, davon, im Leben aller anderen eine zentrale Rolle zu spielen; einer Welt, in der der Histrioniker »der Wichtigste« sein will. Dabei ist der Narzisst aber noch *deutlich* egozentrischer als der Histrioniker.

Beide Stile lassen sich gut kombinieren: Ein Narzisst, der auch »histrionisch kann«, macht aus einem inhaltlich guten Vortrag eine sehr gute Show: Er ist ein exzellenter Redner und fasziniert seine Zuhörer. Dadurch ist er ein guter »Selbst-Inszenierer« wie einst John F. Kennedy oder Arnold Schwarzenegger: Die Person ist dann vorrangig leistungsorientiert, nutzt aber ihre histrionischen Kompetenzen, um sich »ins rechte Licht zu rücken«.

Ein Histrioniker, der auch »narzisstisch kann«, verwendet für seine Dramatik »echte« Shakespeare-Zitate und echte Erfolgsstorys. Damit kann er seinen positiven Eindruck auf seine Zuhörer nachhaltig vertiefen. In diesem Fall nutzt die Person ihre Bildung oder ihre Erfolge, um Aufmerksamkeit zu erhalten und um damit für andere persönlich bedeutsam zu werden.

Oft passen Paare mit narzisstischer und histrionischer Ausprägung auch gut zusammen: Er gibt ihr das Gefühl, für ihn unersetzlich zu sein und sie gibt ihm das Gefühl, der Größte zu sein, so wie Jonathan und Jennifer Hart.

12

DIE STELLUNG DER DIAGNOSEN

Die Stellung »offizieller« Diagnosen über Persönlichkeitsstörungen erfolgt nach zwei diagnostischen Systemen: Das ICD-10 (International Classification of Diseases) und das DSM-5 (Diagnostic and Statistical Manual). Beide Systeme sind für eine Diagnose hilfreich und sind in den USA entwickelt worden, das DSM von der amerikanischen psychiatrischen Gesellschaft und die ICD, das wichtigste und weltweit anerkannte Diagnoseklassifikationssystem, der Medizin von der Weltgesundheitsorganisation (WHO). In Deutschland sind alle an der vertragsärztlichen Versorgung teilnehmenden Ärzte dazu verpflichtet, ihre Diagnosen nach ICD zu verschlüsseln.

13

RESÜMEE

Wenn Sie alles beachten, dann können Sie eine sehr erfolgreiche Histrionikerin werden: Sie können Aufmerksamkeit erhalten, andere unterhalten und faszinieren, Sie können andere für sich einspannen und Ihr Leben nie langweilig werden lassen!

Sie können manipulieren, positive und negative Strategien realisieren, Sie müssen sich immer nur an die sogenannte »Ausgleichsregel« halten: Eine Beziehung hat dann eine hohe Chance, gut und langanhaltend zu funktionieren, wenn beide Partner den Eindruck haben, dass sie in etwa gleich viel für die Beziehung tun (müssen) und etwa gleich viel von der Beziehung profitieren.

Wenn Sie sich an diese Regel halten, wird wahrscheinlich nichts schiefgehen.

Also beachten Sie: »Heute manipuliere ich dich, morgen darfst du.«

Sie können viel von der Beziehung bekommen, aber Ihr Partner bleibt nur bei Ihnen, wenn er auch viel von Ihnen bekommt.

Und noch ein Rat: Wenn Sie sich einen Persönlichkeitsstil aussuchen können, dann einen histrionischen (oder einen narzisstischen oder beides). Denn lösen Sie das Versprechen der Harts ein: Ihr Leben wird nie langweilig werden!